ISBN 978-1725960145
1. Auflage

Umschlaggestaltung, Illustration: Cheng Chia Huang, Michael Lippert

Weitere Mitwirkende: Aylin Köran, Jonas Kristen, Kai Lentering, Konstanze Pflüger, Marisa Wagner, Marius Busen

Verlag: CrossEngage GmbH, Berlin

Innovatives Customer Relationship Marketing

Strategie – Technologie – Organisation

Inhalt

Vorwort

Dieser Band ist ein Sammlung an Themen, Thesen und Inhalten, mit denen wir uns bei CrossEngage in den letzten drei Jahren befasst haben und die wir als entscheidend für die erfolgreiche Implementierung eines zeitgemäßen Kundenbeziehungsmanagements ansehen. Einige Teile sind unseren Masterclasses für das Online Marketing Rockstars (OMR) Festival entnommen. Unsere diesjährige Masterclass war die gefragteste in der gesamten OMR-Geschichte und ist auf unserer Website in voller Länge verfügbar. Wir freuen uns sehr, dass damit der Trend zu fortgeschrittenem Customer-Relationship-Management (CRM) und Marketing mehr und mehr die aus unserer Sicht nötige Aufmerksamkeit findet.

Darüber hinaus werden auch einige generellere Themen beziehungsweise Grundlagen behandelt und angerissen, ohne den Anspruch auf eine vollständige Abdeckung der Themenbereiche, die in entsprechender Vertiefungs- und Grundlagenliteratur bereits gegeben ist. Uns geht es vielmehr darum, bekannte wie neue Konzepte sowie aktuelle Entwicklungen und Trends in einen Zusammenhang zu bringen und ein Bild der aktuellen Landschaft des Kundenbeziehungsmanagements und zu Teilen auch des Online-Marketings zu skizzieren. Zu vielen Themen haben wir mit Experten aus verschiedenen Branchen gesprochen – über Strategien, Technologien sowie operative und organisatorische Aspekte und Erfahrungen.

Wir werden die Inhalte dieses Bandes regelmäßig überarbeiten, aktualisieren und ergänzen. Wir freuen uns über jede Form von Resonanz sowie über Anregungen, die wir in die nächste Auflage einfließen lassen können. Auch an Gastbeiträgen, Praxisbeispielen oder Erfahrungsberichten sind wir jederzeit interessiert.

Nach einer allgemeineren Einführung, die aktuelle Entwicklungen beleuchtet und einen größeren Kontext für die darauffolgenden Kapitel bereitstellt, gehen wir auf die drei Stützpfeiler der Kundenbindung ein: Strategie, Organisation und Technologie. Die Strategie gibt die grundsätzliche Stoßrichtung vor und dient damit als Grundlage für die Unternehmensstruktur sowie entsprechende Prozesse, Ressourcen und Kompetenzen. Technologie steht in diesem Werk an zentraler Stelle, um der gestiegenen Relevanz digitaler Entwicklungen und daraus erwachsener Potentiale Rechnung zu tragen. Eine ambitionierte Ausgestaltung von Unternehmensstrategie und -organisation vermag ohne die Integration relevanter technischer Ressourcen kaum auf den Gesamterfolg moderner Unternehmensführung auszahlen.

Einführung

Im Digitalbereich hat sich das Konzept des CRMs aus dem klassischen E-Mail-Marketing entwickelt. Bis noch vor wenigen Jahren beschränkte sich CRM auf die Bestandskundenpflege via E-Mail. Zwar ist E-Mail in vielen Fällen immer noch der wichtigste CRM-Kanal, jedoch haben andere Kanäle wie Push-Notifications, SMS, Messenger, On-Site-Personalisierung, Programmatic-Advertising und nicht zuletzt die großen Login-Plattformen wie Facebook und Google rasant an Bedeutung gewonnen – Tendenz steigend. Besonders Facebook hat mit seinen Custom und Lookalike Audiences dazu beigetragen, dass CRM sogar zunehmend auf den Bereich der Kundenakquise ausgeweitet wird. Denn auf Basis von Bestandskundendaten können Unternehmen potenzielle Kunden mit ähnlichen Profilen ansprechen. Auf diese Weise lässt sich klassisches CRM skalieren und auf den Upper Funnel ausweiten. Das bedeutet gleichzeitig, dass sich Unternehmen auf Basis proprietärer Bestandskundendaten von ihrer Konkurrenz stärker differenzieren können: Je besser ein Unternehmen seine Kunden kennt, je mehr Datenpunkte also zusammengeführt werden, desto besser können Kundenbindung und -akquise systematisiert werden. Neben proprietären Datensätzen spielen hier natürlich auch die entsprechenden Modelle der Systematisierung eine wesentliche Rolle.

Zudem ist die Bestandskundenpflege deutlich günstiger als die Neukundenakquise und vor allem nachhaltiger im Hinblick auf die Profitabilität eines Unternehmens (Ambler, 2005). Verbesserungen in der Kundenbindung können die Profitabilität um bis zu 95 Prozent steigern und es ist ungefähr fünf Mal teurer einen neuen Kunden zu akquirieren, als ihn langfristig zu binden (Saleh, 2015). Dies spiegelt sich auch in der relativen Kostendifferenz verschiedener Werbekanäle wider, wie sie in Abbildung 1 dargestellt ist. Zudem sind bestehende Kunden 50 Prozent affiner, neue Produkte eines Anbieters auszuprobieren und sie geben im Schnitt 31 Prozent mehr aus (ebd.). Dennoch fokussieren sich immer noch sehr viele Marketer auf die Neukundenakquise.

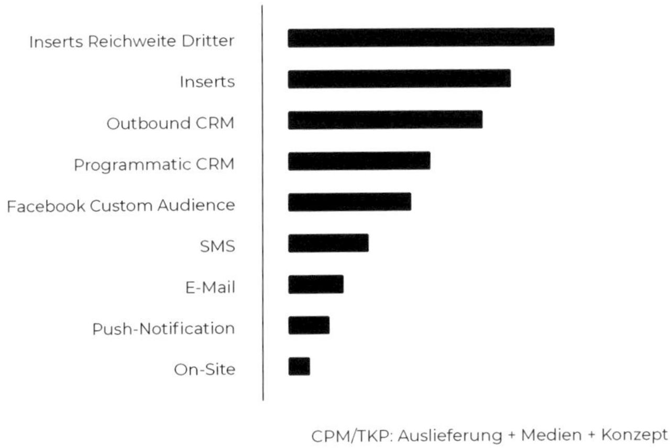

Abb. 1 Relativer Tausend-Kontakt-Preis verschiedener Kanäle (Quelle: Heinemann, 2016)

Für eine langfristige Kundenbindung ist eine gute Customer-Experience der wichtigste Treiber und ihre Qualität korreliert mit der systematischen Orchestrierung aller genutzten CRM-Kanäle (Mascarenhas, Kesavan, & Bernacchi, 2006). Vor dem Hintergrund der steigenden Anzahl an Marketingkanälen, entsprechenden Softwarelösungen und einer Vielzahl an Endgeräten bedeutet die systematische Aggregation und Nutzbarmachung von Kundendaten für viele Unternehmen eine nicht triviale Herausforderung. Zur Veranschaulichung: Die regelmäßig von Chiefmartec (2011, 2016) herausgegebene Infografik zur Marketing Technology Landscape verzeichnete 2011 noch rund 150 Anbieter im Bereich Marketingtechnologie und 2016 etwa 3.500. Der rasante Anstieg verdeutlicht, wie schwer es heutzutage für Marketer ist, nicht den Überblick zu verlieren. Zwar gibt es immer mehr Möglichkeiten, Kunden direkt anzusprechen. Um einen wirklichen Vorteil daraus zu ziehen, müssen jedoch alle Maßnahmen und Kanäle orchestriert werden. Unkoordinierte und nicht aufeinander abgestimmte Werbemaßnahmen empfinden Kunden heutzutage schnell als aufdringlich und es besteht die Gefahr, dass die Nutzung mehrerer Kanäle sogar negative Effekte hat und Kunden den Kontakt auf ein Minimum reduzieren oder im schlimmsten Fall sogar abwandern.

Die Güte eines erweiterten kanalübergreifenden CRM korreliert dabei mit der Qualität der Customer-Experience. Diese wiederum ist stark davon abhängig, inwieweit die genutzten Kanäle orchestriert und aufeinander abgestimmt sind und ob überhaupt alle Kanäle, mit der die entsprechende Zielgruppe erreicht wird, abgedeckt sind. Multi-Channel-Marketing, also die reine Nutzung mehrere Marketingkanäle, impliziert an sich noch keine konkreten Vorteile. Erst die systematische Verknüpfung und Abstimmung aller bespielten Kanäle im Hinblick auf die gesammelten Datenpunkte sowie die Aussteuerung von Werbekampagnen bringt einen wirklichen Mehrwert. Im Grunde geht es um die allseits bekannte Frage, wie die richtige Person zur richtigen Zeit über den richtigen Kanal mit der richtigen Nachricht angesprochen werden kann. Alle potenziellen Pfade der individuellen und non-linearen Customer-Journey müssen abgebildet und jeder einzelne Touchpoint bedient werden können. Der Trend in Richtung einer Eins-zu-eins-Kundenbeziehung wird langfristig dazu führen, dass im Hinblick auf den Return-on-Investment (ROI) der individuellen User-Journey mehr Bedeutung beigemessen wird als Kampagnen oder Werbeplatzierungen (Jaber & Simkin, 2017).

Das Problem: Die Komplexität einer kanalübergreifenden Orchestrierung steigt mit jedem zusätzlichen Kanal exponentiell an. Und dies wirkt sich auch auf die Optimierung der Kanäle aus. Denn schon die Optimierung eines Kanals kann ein hohes Maß an Komplexität bedeuten. Muss eine Vielzahl an Kanälen aufeinander abgestimmt werden, steigert dies die Komplexität immens und es ist mehr als verständlich, dass die meisten Unternehmen diese Herausforderung nicht eigenständig bewältigen können (Payne & Frow, 2005).

NEUER FOKUS AUF CRM

Im Lichte der beschriebenen Entwicklungen sehen sich immer mehr Unternehmen unter Zugzwang und müssen sich sowohl strategisch als auch technologisch und organisatorisch neu aufstellen, um den steigenden Anforderungen im CRM gerecht zu werden.

Die wachsende Bedeutung von CRM im Allgemeinen und der neue Fokus auf individuelle Kunden spiegelt sich auch in den Metriken und Key-Performance-Indicators (KPIs) wider, die heutzutage im CRM genutzt werden. Modelle wie der Customer-Lifetime-Value (CLV) oder ein Scoring nach Recency, Frequency und Monetary Value (RFM) betonen die Bedeutung einzelner Kunden (Borle, Singh, & Jain, 2008). Derartige Konzepte helfen dabei, die zeitliche Dimension des Customer-Lifecycles zu berücksichtigen, den Wert einzelner Kunden für das Unternehmen zu schätzen sowie die Performance von CRM-Maßnahmen und Kanälen zu beurteilen und letztlich zu optimieren. Die wichtigsten Treiber für die Steigerung des CLV sind die Instrumente der Kundenbindung. Auch wenn die Berechnung eines CLV aufgrund ihrer probabilistischen Natur nicht trivial ist, so dient der CLV doch als relativer Richtwert, an dem sich die Effekte von CRM- und Marketingmaßnahmen messen lassen (Borle, Singh, & Jain, 2008)

Doch auch wenn die Bedeutung von CRM im Allgemeinen steigt, hat die Bestandskundenpflege nicht für jedes Geschäftsmodell die gleiche Relevanz.

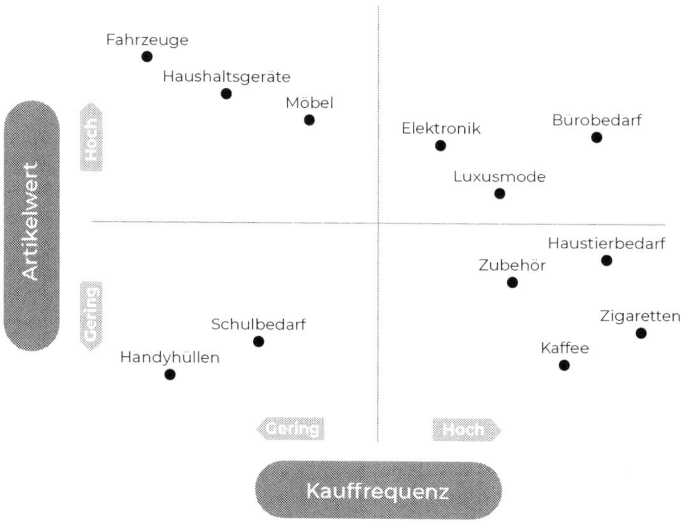

Abb. 2 Relevanz des CRM in Abhängigkeit von Artikelwert und Kauffrequenz

Unternehmen, die mit der ersten oder den wenigen ersten Bestellungen profitabel sein müssen, legen in der Regel den Fokus auf die Akquisition neuer Kunden. Alle anderen sollten sich auf die Kundenbindung konzentrieren. Von besonderem Belang ist die Bestandskundenpflege etwa für Unternehmen mit Abo-Modellen oder regelmäßigen Serviceleistungen, wie etwa im Mobilitäts-, Versicherungs- oder Telekommunikationsbereich. Nicht zuletzt ist eine effektive Bestandskundenpflege auch für den E-Commerce-Bereich von kardinaler Bedeutung. Denn gerade Onlinehändler haben zunehmend Schwierigkeiten, sich in der stetig stärker werdenden Plattformökonomie zu behaupten. Abbildung 3 verdeutlicht die Auswirkungen von CRM-Leistungen im Hinblick auf Wiederholungskäufe oder Kaufempfehlungen.

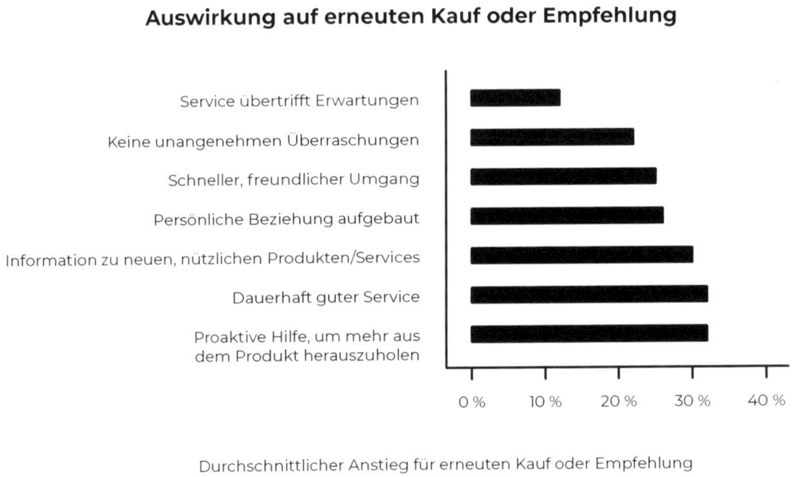

Abb. 3 Gründe für Kundentreue

DIE STEIGENDE BEDEUTUNG DES DIREKTEN KUNDENZUGANGS

Gastbeitrag von Dr. Florian Heinemann, Project A

Besonders im konsumentennahen Bereich hat sich ein immenser Teil des Kundenzugangs auf wenige große Spieler konzentriert – namentlich Google, Apple, Facebook und Amazon, die sogenannte GAFA-Ökonomie (Dörner, 2017, Absatz 1). Analog hierzu gibt es ähnliche Tendenzen in Asien beziehungsweise China. Auch hier hat sich mit Spielern wie Tencent, Alibaba, JD und Baidu eine Plattformökonomie herausgebildet, die einen Großteil des direkten Kundenzugangs vereinnahmt. Eine ähnliche Entwicklung ist im industrienahen Bereich zwar noch nicht im gleichen Ausmaß zu erkennen, aber es ist zu vermuten, dass sich auch hier mittel- bis langfristig eine stärkere Plattformökonomie entwickeln wird und sich große Spieler als Intermediäre zwischen Anbietern und Kunden positionieren werden. Auf diese Weise können sie den Kundenzugang direkt oder indirekt meistbietend versteigern. Das führt zunehmend zu einer Margenverschiebung hin zu den großen Plattformen, während Anbieter beziehungsweise Bieter auf den Plattformen leicht in ein Abhängigkeitsverhältnis geraten.

Für Unternehmen wird es also umso wichtiger, Kunden nicht nur initial zu gewinnen, sondern diese auch in einer nachhaltig aktiven Beziehung zu halten und sich so gegen die beschriebenen Gefahren zu wappnen. Unternehmen, die ihre Kundenbindung dauerhaft hoch halten, unter anderem durch effektives CRM, werden langfristig im Vorteil sein und die Wahrscheinlichkeit von dauerhaft auskömmlichen Margen deutlich steigern.

Ein Faktor, der die Konzentration des direkten Kundenzugangs auf wenige große Spieler weiter begünstigt, ist der bei vielen digitalen Geschäftsmodellen inhärente Netzwerkeffekt (Dörner, 2017, Absatz 2). Dieser stellt ein schwer zu adressierendes Problem dar, da er in der Regel große Unternehmen begünstigt, die zumindest im Digitalbereich eine überproportionale Marge vereinnahmen können. Zumindest außerhalb des rohstoffnahen Bereichs können die großen Spieler damit einen Unternehmenswert in bisher ungekannter Geschwindigkeit und Höhe aufbauen. Der Aufstieg der GAFAs ist ein Musterbeispiel dafür.

Besonders dem traditionellen deutschen Wirtschaftsmodell, das auf kleinen und mittleren Unternehmen (KMU) basiert, läuft diese Entwicklung diametral entgegen. Denn die bisherige Stärke einer breit diversifizierten Struktur von häufig marktführenden KMU in der Nische wird zur Schwäche. Zwar konnten Unternehmen bis dato in ihrer jeweiligen Nische exzellente Margen erzielen, jedoch ist Margenträchtigkeit in einer vom Netzwerkeffekt dominierten Welt zunehmend gleichbedeutend mit Skalierung. Gleichzeitig gewinnt die bislang wenig beachtete Nische schneller an Transparenz und verliert dadurch tendenziell an Margenpotenzial. Um dennoch lohnenswerte Margen garantieren zu können, ist es umso wichtiger, einen direkten Zugang zu Kunden aufzubauen und effektive Maßnahmen zur Kundenbindung zu implementieren.

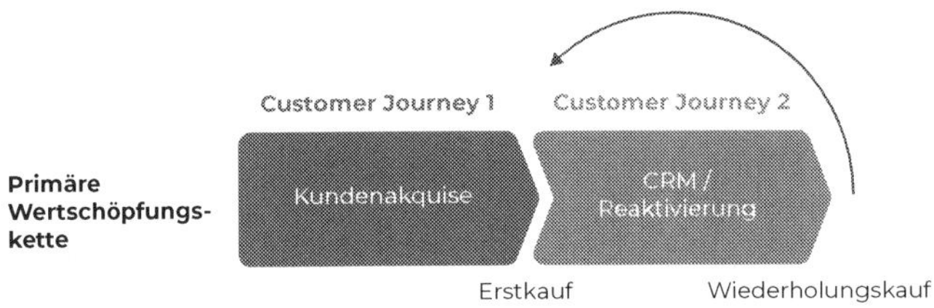

Abb. 4 Primäre Wertschöpfungskette

Unternehmen sollten jedoch berücksichtigen, dass in der Neukundengewinnung andere Ansätze und Methoden benötigt werden als in der Bestandskundenpflege, auch wenn die Bereiche zunehmend ineinander übergreifen und Bestandskundendaten effektiv für die Neukundengewinnung genutzt werden können. In der Akquisitionsphase wird der gesamte Marketing-Funnel, von der Weckung der Awareness bis zum Erstkauf, abgedeckt. Hier greifen sowohl schwerer zu messende Maßnahmen wie PR und Maßnahmen zur Steigerung der Brand-Awareness als auch digitale Marketingmaßnahmen wie Display-Ads, Search-Engine-Advertising (SEA), Search-Engine-Optimization (SEO) oder auch Content-Marketing. Setzt nach dem Erstkauf – beziehungsweise weiter gefasst dem ersten Kontakt – die CRM-Logik ein, sollte auch die Kommunikation mit Kunden neu betrachtet werden. Denn es handelt sich nun nicht mehr um Unbekannte und dementsprechend sollten sie auch nicht mehr mit generischer Werbung überhäuft werden. Stattdessen sollten sie mit zunehmend personalisierten Botschaften angesprochen werden, die auf ihre individuellen Bedürfnisse, Erwartungen und Präferenzen eingehen. Dabei müssen folgende Aspekte berücksichtigt werden:

1. Kanal
2. Format
3. Botschaft
4. Zeitpunkt

In der Essenz geht es darum, die richtigen Kunden über den effektivsten Kanal mit einer passenden Botschaft im richtigen Format zum bestmöglichen Zeitpunkt anzusprechen. Denn die Effektivität der Kundenbindung korreliert mit der Qualität der User- beziehungsweise Customer-Experience, die bei jedem Touchpoint stimmig und übergreifend konsistent sein sollte. Andernfalls besteht die Gefahr, dass die Kundenzufriedenheit abnimmt und diese im schlimmsten Falle abwandern oder sogar über ihre negativen Erfahrungen berichten. Positive Erfahrungen im Kontakt mit Marken hingegen führen zu einer deutlichen Steigerung der Kundenloyalität (Lippincott, 2016).

Damit Kunden entsprechend ihrer Präferenzen angesprochen werden können, müssen alle Kundendaten konsolidiert verfügbar und nutzbar gemacht werden. Je mehr Datenpunkte zu einzelnen Kunden einbezogen werden, desto besser können Entscheidungen mit Blick auf Kanal, Inhalte und zeitliche Faktoren getroffen werden und desto eher können sich Unternehmen einer Eins-zu-eins-Kundenbeziehung annähern. Ein kundenzentriertes CRM impliziert die datenbasierte Ansprache über verschiedene Kanäle, je nachdem, welche Kanäle von relevanten Zielgruppen genutzt und von einzelnen Kunden bevorzugt werden. Durch die Digitalisierung hat die Anzahl an Kontaktmöglichkeiten zugenommen und die Hinzunahme weiterer Kanäle erzeugt einen netto-positiven Nutzen im Verhältnis zum Aufwand, da digitale Kanäle im Allgemeinen recht geringe Grenzkosten aufweisen.

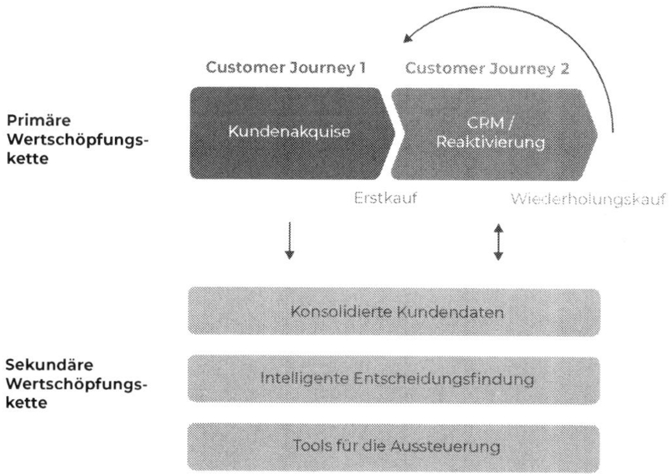

Abb. 5 Primäre und sekundäre Wertschöpfungskette

Um im Hinblick auf Kanal, Format, Botschaft und Zeitpunkt die richtigen Entscheidungen zu treffen, müssen zunächst verschiedene Kundengruppen identifiziert werden, die man dann mit entsprechenden Maßnahmen und unter Berücksichtigung ihrer Präferenzen anspricht. Hier gibt es verschiedene Ansätze, die durchaus kombiniert werden sollten: Klassische Ansätze zur Segmentierung basieren auf gewissermaßen statischen Informationen wie soziodemografischen oder interessenbasierten Daten. Modelle zur Berechnung eines Customer-Lifetime-Value (CLV) oder eine Segmentierung entsprechend eines Scorings nach Recency, Frequency, Monetary Value (RFM), versuchen die Kaufhistorie abzubilden und bringen bereits eine zeitliche Dimension ins Spiel. Doch auch die Interaktionshistorie im Allgemeinen sollte miteinbezogen werden. Gab es einen rein inhaltlichen Austausch ohne Transaktion, müssen nachfolgende Botschaften dies berücksichtigen. Mittlerweile bieten moderne Software-Lösungen zudem die Möglichkeit zur Echtzeit-Segmentierung auf Basis des aktuellen Kundenverhaltens. Bestimmte Aktivitäten in der Customer-Journey können als Trigger für bestimmte Kommunikations-Maßnahmen verwendet werden. Diese Methode wird auch als Echtzeit- oder Moment-Marketing bezeichnet und bietet neue Chancen für eine gewinnbringende Kundenansprache (Hinz, 2. Oktober 2017). Denn durch das aktuelle Nutzerverhalten lassen sich Rückschlüsse auf entsprechende Dispositionen der Kunden in diesem Moment ziehen. So kann in der Kommunikation auf konkrete und akute Bedürfnisse eingegangen werden, wodurch die Relevanz und damit auch die Effektivität der jeweiligen Maßnahmen gesteigert wird.

Aus den historischen sowie den in Echtzeit generierten Daten zu individuellen Kunden lassen sich die gewinnbringendsten Kombinationen mit Blick auf Kanal, Format, Botschaft und Zeitpunkt ableiten (The Economist Intelligence Unit, 2016). Diese Entscheidungen sind allerdings nicht trivial. Zusätzliche Erkenntnisse lassen sich aus entsprechenden Tests generieren. In der Kanalauswahl müssen CLV, Kanalkosten und individuelle Kanalpräferenzen gegeneinander abgewogen werden, wobei letztere sowohl von persönlichen Präferenzen als auch von der „Aufdringlichkeit" des Kanals und der Relevanz der Botschaft bedingt werden.

Für die Bereitstellung relevanter Inhalte gibt es grundsätzlich zwei Optionen: Zum einen können Inhalte automatisch generiert werden – wie etwa Produktempfehlungen auf Basis von a priori vorliegenden Produktdaten-Feeds. Zum anderen können Inhalte manuell kuratiert und generiert werden. Besonders kreative Inhalte müssen in den meisten Fällen manuell erstellt werden. Dabei spielen natürlich auch die für den jeweiligen Kanal in Frage kommenden Formate eine Rolle und es muss gegebenenfalls eine Entscheidung zwischen Text und visuellen Inhalten wie Grafiken, Fotos oder Bewegtbildern getroffen werden. In diesem Zusammenhang sollte die wachsende Relevanz von Storytelling und der Qualität der Inhalte berücksichtigt werden. Die Bedeutung von Kreativität und Kreation hat deutlich zugenommen, da sich die Möglichkeiten in der Qualität der Umsetzung deutlich vergrößert haben. Die sehr hohen Varianzen in der Überbringung von Botschaften – im Hinblick auf Möglichkeiten der Kreation, Kanal und Formate – korrelieren mit der Relevanz der inhaltlichen Qualität. Je mehr Auswahl es gibt, desto mehr Inhalte gibt es im Allgemeinen und desto wichtiger ist eine qualitative Differenzierung.

Ein großer Fortschritt ist die (relative) Zunahme an digitalen Touchpoints in der Customer-Journey, die es erlaubt, die tatsächliche Position von Kunden immer besser abzubilden und nachzuvollziehen. Bis dato war die Customer-Journey ein eher passives Konzept und es wurde lediglich erfasst, wie Kunden sie durchlaufen. Durch den digitalen Fußabdruck der Kunden hat sich das Konzept der Customer-Journey von einem recht theoretischen Konstrukt mit einer beliebigen Anzahl von Stufen oder Phasen hin zu einem praktisch zumindest partiell umsetzbaren Ansatz entwickelt. Sie wird zunehmend als aktives Konzept begriffen, bei dem man durch das Absetzen relevanter Botschaften zum richtigen Zeitpunkt positive Effekte auf den Return-on-Investment der Gesamtjourney erzielen kann. Unternehmen, die in den Bereichen Akquisition und Kundenbindung die aktive Gestaltung der Customer-Journey beherrschen, werden klar im Vorteil sein, da diese Kompetenz eine der wesentlichen Differenzierungsfaktoren der Zukunft sein wird. Eines der prägnantesten Beispiele für die Umsetzung einer solchen Philosophie, lässt sich bei „Uni Marketing", dem Marketing-Buchungssystem von Alibaba erkennen. „Uni Marketing" ermöglicht eine zentrale Verarbeitung aller Daten einzelner Nutzer über das gesamte Ökosystem des chinesischen Shopping- und Technologiekonzerns hinweg.

MOMENT-MARKETING

Bei einer renommierten Autovermietung hat ein Kunde ein Fahrzeug gebucht, das an der Reiseauskunft einer Bahnstation abgeholt werden sollte. An der genannten Abholstelle wussten die Mitarbeiter jedoch nicht Bescheid, es gab keinen Schlüssel und das gebuchte Fahrzeug war nicht einmal vor Ort, sondern wurde wegen eines Fahrzeugschadens aus der Flotte genommen. Darüber hinaus gab es auch kein Ersatzfahrzeug, das hätte vergeben werden können. Man könnte erwarten, dass die Mitarbeiter der Autovermietung sich bemühen, eine Alternative zu finden – notfalls bei einer anderen Vermietung. Doch statt sich um eine Lösung für den Kunden zu bemühen, verweigerten die Mitarbeiter sogar eine Kostenrückerstattung. Diese Geschichte hat sich tatsächlich so abgespielt und die Autovermietung hat einen Geschäftskunden verloren, den sie durch ein wenig mehr Bemühen hätte halten können. Im Kontakt mit Kunden und im Verkaufsprozess kann es immer zu kritischen Momenten kommen. Doch durch einen aufmerksamen und geschickten Umgang können solche Momente auch in positive verwandelt werden. Hätte die Autovermietung sich bemüht und eine Alternative gefunden, wäre der Kunde dankbar gewesen und hätte den Fauxpas entschuldigt. Vermutlich hätte sich seine Bindung zur Marke sogar intensiviert, da die Autovermietung ihm in einer schwierigen Lage geholfen hat, ohne dabei vordergründig auf eigene Interesse zu achten. Dieses Phänomen wird auch als „Service Recovery Paradox" (SRP) bezeichnet (Krishna, Dangayach, & Sharma, 2014).

Das Beispiel zeigt, wie wichtig bestimmte Momente in der Beziehung zwischen einem Unternehmen und seinen Kunden sind. Ein Moment kann dazu führen, dass Kunden abwandern oder ihre Bindung zur Marke stärken. Was in Erinnerung bleibt und spürbare Effekte hat, sind besonders positive oder besonders negative Momente. Man erinnert sich vielleicht an einen besonders guten Support bei Problemen, an ausgefallene und individuelle Geschenke oder eben auch an eine besonders schlechte Abwicklung beim Verkauf oder eine gewisse Starrheit beim Anspruch auf Garantieleistungen – also an Momente in der Beziehung mit einem Unternehmen, bei dem man bereits Kunde ist. Woran sich wohl kaum ein Kunde erinnert, sind generische und unpersönliche Werbeanzeigen wie Display-Ads oder einen Link in der favorisierten Suchmaschine. Und dennoch setzen die meisten Unternehmen primär auf Performance-Marketing-Kanäle zur breit gestreuten Kundenakquise. Diese können zwar kurzfristig den Absatz steigern und haben durchaus ihre Berechtigung. Jedoch ist es nicht nachhaltig, wenn die gewonnen Kunden nicht langfristig gebunden werden. Aufdringliche Werbeformate wie Display-Ads können dazu führen, dass Nutzer beziehungsweise Kunden sich von einer Marke distanzieren und ihre Reputation in Frage stellen (McCoy, Everard, & Loiacono, 2008). Studien suggerieren zudem, dass aufdringliche Werbung schlechter erinnert wird (Yoo & Kim, 2005) und aktiv unterdrückte Reize wie lästige Werbung weniger wohlwollend bewertet werden (Tavassoli, 2008). Experimente mit einer Technologie zur Blickverfolgung (Drèze & Hussherr, 2003) zeigen, dass Nutzer einer Website kaum auf Werbeanzeigen achten. Dieses altbekannte Phänomen wird auch als Banner-Blindheit beschrieben (Benway, 1998).

Durch generische Online-Werbung lassen sich keine besonderen Momente schaffen und sie eignet sich deshalb nicht, um langfristige Beziehungen zu Kunden aufzubauen. Personalisierte Botschaften im Kontakt mit Bestandskunden suggerieren Kunden eine persönliche Beziehung, in der es positive und negative Momente geben kann wie bei Beziehungen unter Menschen. Bei generischer Werbung hingegen werden die Massen angesprochen. Eine Analogie: Im persönlichen Gespräch mit einem Menschen können wir diesem näher kommen. Wenn wir eine Beziehung aufbauen, kommt es zu schönen Momenten und zu Zerreißproben, die bewältigt werden können. Hören wir hingegen einen Redner auf einer Konferenz, werden wir wohl kaum eine persönliche Bindung aufbauen.

DIE MACHT DER MOMENTE

In „The Power of Moments" (Heath, 2017) veranschaulichen Chip und Dan Heath, wie und warum wir Momente erinnern und wie wir sie aktiv gestalten können. In der Erinnerung tendieren Menschen dazu, sich nur an die bedeutsamsten Momente beziehungsweise die mit dem größten Effekt auf unsere Emotionen zu erinnern, also die besonders positiven und negativen Momente, aber auch an Übergänge zwischen Phasen, die einen wichtigen Wandel repräsentieren und eine Zäsur markieren. Diese Thesen basieren hauptsächlich auf einer menschlichen Disposition, die in der Psychologie als Peak-End-Rule bekannt ist. Die Regel besagt, dass, wenn Menschen sich an Erfahrungen erinnern, die Dauer hintergründig oder gar vergessen wird und wir die Erfahrung retrospektiv anhand dreier Varianten von Schlüsselmomenten beurteilen:

- Peaks – also besonders positive Momente
- Pits – also besonders negative Momente
- End – also am Ende oder Ausgang der Erfahrung

Um aktiv positive Erinnerungen zu evozieren, sollten Peaks geschaffen, Pits vermieden beziehungsweise kompensiert und Übergänge markiert werden. Was bedeutet das für den Kundenkontakt?

Pits kompensieren

In der Interaktion mit einer Marke werden von Kunden besonders die negativen Momente erinnert. Unternehmen sollten also zunächst dafür Sorge tragen, dass Pits vermieden werden. Wenn dennoch negative Momente entstehen, sollten diese kompensiert werden, um die negative Erfahrung in eine positive zu verwandeln. Wenn dies gelingt, können entsprechend des Service Recovery Paradox Pits mit einem darauffolgenden Peak sogar einen positiveren Effekt auf die Kundenbindung haben als Peaks allein. Auf der „Heroes of CRM Conference 2018" berichtete Mark Ralea von einem interessanten Feldversuch: Bei einem Abo-Box-Modell für Beauty-Produkte bekamen Neukunden bei ihrer zweiten Bestellung mit Vorsatz eine Box mit einem unpassenden Artikel sowie die Möglichkeit, die Box zu bewerten. Bei der dritten Lieferung wurde dann eine besonders wertvolle und passende Box versandt. Schon kurzfristig ließ sich auf diese Weise die Churn-Rate bei Neukunden um ein Drittel reduzieren. Doch auch bei ungeplanten Pits ist eine anschließende Entschädigung und Entschuldigung ein gutes Instrument, um kritische in gewinnbringende Momente zu verwandeln. Eine Ghost-Restaurant-Kette liefert Kunden beispielsweise ein Gratisgetränk zu ihrer Bestellung, wenn die Lieferung deutlich verspätet erfolgt. Es gibt Pits, auf die Unternehmen sich vorbereiten können und andere, die unvorhersehbar sind. Doch in beiden Fällen kann ein ausgearbeitetes

Skript zur Krisenkommunikation helfen. Grundsätzlich geht es vor allem um eine kundenzentrierte Denkweise und eine schnelle Handlungsfähigkeit.

Peaks schaffen

Während Unternehmen sich auf Pits allenfalls vorbereiten können – wenn sie sie nicht vorsätzlich produzieren – können Peaks vom Unternehmen aktiv geschaffen werden. Oftmals bieten bestimmte Ereignisse oder Meilensteine einen guten Anlass für Peak-Momente. Einfache Beispiele wären etwa Kampagnen zu Geburtstagen, exklusive Angebote für Bestandskunden bei neuen Produkten oder ein kleines Geschenk, wenn Kunden eine bestimmte Zeit lang der Marke treu geblieben sind, für einen bestimmten Wert eingekauft haben oder eine andere Wegmarken erreicht haben. Doch es können durchaus auch ausgefallenere und kreativere Peaks geschaffen werden.

Übergänge markieren

Entscheidende Übergänge im Leben der Kunden beziehen sich selten auf ein Produkt eines Unternehmens. Dennoch können sie in manchen Fällen identifiziert und genutzt werden, um Kunden und potenziellen Kunden für sie relevantere Inhalte bereitzustellen. Ein neuer Job, ein Umzug oder Nachwuchs in der Familie können Anlässe für spezifische Kampagnen geben, die dem Wandel im Leben der Menschen Rechnung tragen und auch zu einem nahbaren Markenbild beitragen, das Aufmerksamkeit und/oder Fürsorge vermittelt, indem nützliche Inhalte zur Verfügung gestellt werden.

Alle entscheidenden Moment lassen sich nach den Heath-Brüdern (2017) auf vier Kernelemente zurückführen beziehungsweise in vier verschiedene Moment-Typen unterteilen, von denen mindestens einer, aber durchaus auch mehrere im jeweiligen Moment eine Rolle spielen können. Diese Moment-Typen bieten eine Orientierungshilfe, wenn es darum geht, wertvolle Momente in der Kundeninteraktion zu schaffen.

Elevation-Momente

Elevation-Momente sind Momente, die aus dem Alltäglichen positiv herausstechen und damit als Peaks empfunden werden. Es sind Momente, die eine besondere sinnliche oder emotionale Dimension aufweisen. Diese kann genutzt und weiter verstärkt werden. Jede Gratulationskampagne fällt in diese Kategorie. Während einige dieser Momente, wie etwa Geburtstage, gegeben sind, geht es bei anderen um Leistungen, erzielte Erfolge oder einfach glückliche Zufälle. Nicht gegebene Anlässe lassen sich aktiv herbeiführen, indem beispielsweise ein Wettbewerb oder ein Gewinnspiel ausgerufen wird oder besondere Leistungen belohnt werden – wie etwa durch Rewards für Power-User eines Produktes oder einer Plattform. Immer wenn mehr gewonnen oder verloren werden kann, steigert dies die Spannung und fördert das Commitment und Engagement ambitionierter Kunden. Eine weitere Möglichkeit, Elevation-Momente herbeizuführen, ist mit Erwartungen zu brechen. Kunden erfahren bei vielen Unternehmen ähnliche Interaktions- und Kaufprozesse und gehen aufgrund ihrer Erfahrungen von einem mehr oder minder standardisierten Skript aus. Diese Erwartungshaltung bietet Unternehmen kreative und gewinnbringende Spielräume im Kundenkontakt und vor allem eine Möglichkeit, sich von der Konkurrenz zu differenzieren.

Zusammengefasst zahlen folgende Punkte auf Elevation-Momente ein:

- Sinnliche und/oder emotionale Aspekte nutzen und verstärken
- Mögliche Gewinne und Verluste erhöhen beziehungsweise schaffen
- Mit Erwartungen brechen

Insight-Momente

Insight-Momente sind Momente, in denen wir eine Erkenntnis haben oder die Wahrheit über ein Problem herausfinden. Bei letzterem geht es nach den Heath-Brüdern (2017) darum, Menschen eine klare Erkenntnis zeitlich komprimiert zu vermitteln und ihnen dabei idealerweise das Gefühl zu geben, sie selbst erlangt oder entdeckt zu haben. Beim letzten Punkt kann eine Person auch durch ein wenig Nachhilfe oder Ansporn zur erhofften Erkenntnis oder Einsicht gebracht werden oder sie durch Erfahrungen erlangen. Insight-Momente kann es überall dort im Kontakt mit Kunden oder potenziellen Kunden geben, wo informative Inhalte vermittelt werden: Auf der Unternehmenswebsite, im Bereich Content-Marketing, aber beispielsweise auch bei gamifiziertem Onboarding, gamifizierten Tutorials oder beim Kundensupport eines Softwareprodukts.

Zusammengefasst zahlen folgende Punkte auf Elevation-Momente ein:

- Aha-Erlebnisse schaffen
- Unterstützung bieten, Erkenntnisse zu erlangen

Pride-Momente

Pride-Momente sind Momente des Stolzes – Momente in denen man für etwas einsteht und Courage zeigt, Anerkennung bekommt oder Herausforderungen meistert. Letztere können durch eine Serie von Meilensteinen in ihrer Wirkkraft deutlich gesteigert werden, was beispielsweise im Spielebereich oder bei der Gamifizierung genutzt wird. Momente der Courage, in denen man für jemanden oder etwas einsteht, können nach den Heath-Brüdern (2017) nicht herbeigeführt werden. Doch auch das Zugehörigkeitsgefühl zu einer Gruppe oder Community, ohne akut für sie einzustehen, kann Stolz evozieren – auch wenn dann zugleich ein Connection-Moment entsteht. Und derartige Momente lassen sich durchaus aktiv gestalten. Man denke beispielsweise an Community-Building im Allgemeinen, Shopping-Clubs, bei denen man nur auf Einladung Mitglied werden kann oder an den Stolz einiger Kunden, im Besitz eines Produktes bestimmter Marken zu sein. Pride-Momente können jedoch am einfachsten durch Anerkennung hervorgerufen werden. Die unter den Elevation-Momenten bereits genannten Wettbewerbe sind zugleich Elevation- und Pride-Momente – gleiches gilt für Rewards. Es sind viele weitere Szenarien denkbar, in denen die Dynamik des Stolzes im Kontakt mit Kunden und potenziellen Kunden genutzt werden kann, um Peak-Momente zu gestalten.

Zusammengefasst zahlen folgende Punkte auf Pride-Momente ein:

- Anerkennung geben
- Meilensteine schaffen und zu größerem Ziel verbinden
- Gefühl Teil einer Gruppe/Community/Bewegung zu sein

Connection-Momente

Das Bedürfnis Teil einer Gruppe zu sein ist das zentrale Element der Connection-Momente. Bei diesen Momenten geht es darum, einen gemeinschaftlichen Sinn, eine geteilte Bedeutung zu kreieren und Bindungen zu festigen. Letzteres wird laut den Heath-Brüdern (2017) durch die „Responsiveness" – also die Ansprechbarkeit und Reaktionsfähigkeit des Gegenübers – gefördert, die durch drei Aspekte bestimmt wird:

- Verstehen: Mein Gegenüber weiß, wie ich mich selbst sehe und was mir wichtig ist
- Validieren: Mein Gegenüber respektiert, wer ich bin und was ich will
- Mitfühlen: Mein Gegenüber unternimmt aktive Schritte, um mir zu helfen und meine Bedürfnisse zu erfüllen

Connection-Momente kann es im Bereich Community-Building, aber auch im Support sowie im Kundenkontakt im Allgemeinen geben. Responsiveness ist idealerweise ein Kernelement des Kundenbeziehungsmanagements.

Zusammengefasst zahlen folgende Punkte auf Pride-Momente ein:

- Gemeinschaftlichen Sinn, geteilte Bedeutung generieren
- Beziehungen festigen

MICRO-MOMENTS

Die relative Zunahme digitaler Kontaktpunkte mit Kunden ist nicht zuletzt auf die in den letzten Jahren rasant gestiegene Zahl mobiler Endgeräte zurückzuführen. Vor dieser Folie stellen Mobile-Searches (mobile Suchanfragen) beziehungsweise allgemein Interaktionen über mobile Endgeräte für viele Unternehmen eine der häufigsten Möglichkeiten dar, wertvolle Momente für ihre Kunden zu schaffen. Nach Google werden solche Momente dann sinnvoll genutzt, wenn Kundenbedürfnissen unmittelbar mit relevanten Inhalten begegnet wird. Die Trias aus Absicht, Kontext und Dringlichkeit oder Unmittelbarkeit der Werbebotschaft ist ein Kernelement in Googles Konzept der „Micro-Moments" (im Deutschen „Momente der Entscheidung") (Google, 2015, a und b).

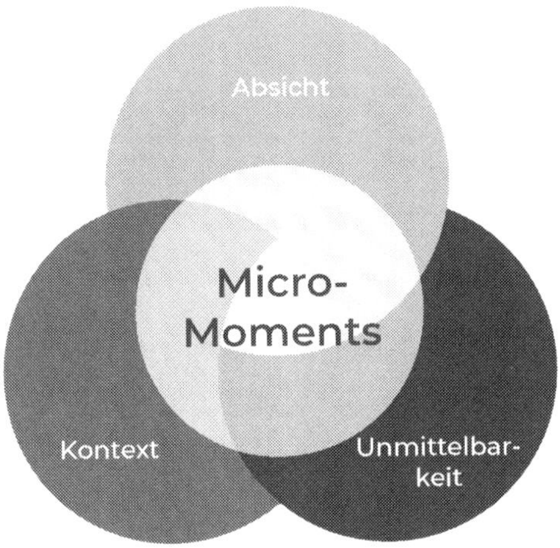

Abb. 6 Konzept der Micro-Moments

Im Lichte des Aufstiegs mobiler Endgeräte und auf Basis interner Google-Daten sowie einiger Fallstudien argumentiert Google für die steigende Relevanz akuter, situativer Kundenbedürfnisse. Diese müssen erkannt und in Echtzeit bedient werden. Dies ist insbesondere relevant, da Kunden mit einer gestärkten Position aus der Digitalisierung hervor gegangen sind, was kundenzentriertes Vorgehen und eine stärkere Ausrichtung an Micro-Moments verlangt (Fader, 2012). Es muss zunehmend auf die aktuellen Intentionen individueller Kunden eingegangen werden, da der Anspruch der Kunden in diesen Momenten, dass Unternehmen ihre Bedürfnisse proaktiv erkennen, besonders hoch ist (Husson & Ask, 2014). Und dazu muss ihr Verhalten getrackt und in Echtzeit auf bestimmte Aktivitäten reagiert werden können. Während Kontext und Absicht immer entscheidende Faktoren sind, ist die Unmittelbarkeit einer Botschaft vor allem beim vom Kunden initiierten Kontaktpunkten entscheidend, da diese ein Indiz für eine konkrete und akute Absicht sind und Kunden in diesen Momenten empfänglich dafür sind, bestimmte Informationen zu erhalten.

> „The user behavior is influenced by specific micromoments which are truly the moments of consumer needs and therefore provide a significant platform of research. Micro-moments are intent-driven moments of decision-making and preference-shaping that occur during the entire user journey. These micro-moments happen when individuals reflexively reach for a mobile device to promptly act on any sort of immediate need. In those specific moments, user expectations are very high because they expect businesses to proactively anticipate their needs powered by contextual data" (Biloš, Turkalj, & Kelić, 2016)

Können akute Kundenbedürfnisse bedient werden, indem nützliche oder auch emotionalisierende Inhalte im richtigen Moment über den richtigen Kanal bereitgestellt werden, schafft dies einen positiven Moment in der Interaktion der Kunden mit einer Marke. Moment-Marketing ist nicht gleichbedeutend mit Echtzeit-Marketing beziehungsweise ist nicht lediglich durch eine Ausspielung von Werbung in Echtzeit definiert. Im Moment-Marketing geht es darum, Momente zu schaffen, die Kunden oder potenzielle Kunden als positiv empfinden und so leichter erinnern (Google, 2015 a). Unternehmen sollten sich in diesem Zusammenhang also die Frage stellen, welche Bedürfnisse und Interessen ihre Kunden in bestimmten Situationen haben und wie sie diese bedienen können. Micro-Moments treten über die gesamte Customer-Journey hinweg auf und zahlen auf die Wirtschaftlichkeit des gesamten Kundenbeziehungsmanagements ein, wenn sie richtig genutzt werden und gewissermaßen zu Micro-Conversions führen.

Was sind also die Faktoren, die darüber entscheiden, ob Momente als positiv empfunden und erinnert werden? Und wie können sie bewusst genutzt und gestaltet werden? Googles Slogan für die gewinnbringende Gestaltung von Micro-Moments lautet „Be there. Be useful. Be quick." Um im entsprechenden Micro-Moments für seine Kunden da sein zu können, müssen diese bereits antizipiert werden und es müssen schnell relevante Inhalte bereitgestellt werden, die den Kundenbedürfnissen entsprechen (Husson & Ask, 2014). Mobile Endgeräte haben das Nutzererlebnis insbesondere im digitalen Umfeld grundlegend verändert (Biloš, Turkalj, & Kelić, 2016) und die Geschwindigkeit spielt hier eine entscheidende Rolle, insbesondere da 90 Prozent der Nutzer mobiler Endgeräte sich bei der Suche nach Informationen noch nicht sicher sind, welche spezifische Marke sie kaufen wollen und somit die Tendenz zum Wechseln der Seite sehr hoch ist (Google, 2015 a). So wechselt fast ein Drittel der Smartphone-Nutzer unmittelbar die Seite oder App, wenn sie nicht die erhofften Inhalte finden oder sie aufgrund langer Ladevorgänge warten müssen

(Google, 2015 a). Von diesen Nutzern wandern 70 Prozent ab, weil die Ladezeiten zu lang sind.

Google identifiziert vier grundlegende Moment-Konzepte, in die sich die Kontaktpunkte gruppieren lassen, wobei eine granularere Aufschlüsselung durchaus gewinnbringend sein kann:

I-Want-to-Know-Momente

In diesen Momenten wollen Kunden oder potenzielle Kunden Informationen erhalten. Dabei kann es sich um solche handeln, die in Bezug zum eigentlichen Produkt stehen und die Evaluation vor dem eigentlichen Kaufprozess betreffen, aber auch um Wissen, das im Kontext des Produkts angesiedelt ist und beispielsweise im Bereich des Content-Marketings vermittelt wird. Oft gibt es auch externe Impulse wie etwa Fernseh- oder Außenwerbung, die zu einer Recherche führen. 66 Prozent der Nutzer mobiler Endgeräte nutzen ihre Geräte beispielsweise, um Informationen über etwas zu erhalten, das sie zufällig in einer Fernsehwerbung gesehen haben (Google, 2015 a). In anderen Fällen wissen Konsumenten auch gar nicht genau, was sie eigentlich suchen und wollen eher inspiriert werden. Momente der Inspiration lassen sich in allen der vier Moment-Konzepte von Google finden.

I-Want-to-Go-Momente

Im Rahmen dieses Konzepts suchen Menschen nach Orten im weitesten Sinne, die sich in ihrer aktuellen Umgebung befinden. Dies können beispielsweise lokale Geschäfte, Restaurants, kulturelle Institutionen oder auch Erlebnisorte sein. Suchanfragen, in denen Konsumenten nach Verkaufsstellen eines Produktes oder einer stationären Dienstleistung in ihrer Umgebung suchen, haben sich in den letzten Jahren mehr als verdoppelt (Google, 2015 a). In diesen Momenten geht es für Unternehmen darum, ihre physische Präsenz an die Kunden heranzutragen und die Auffindbarkeit zu erleichtern. Auch wenn in allen Micro-Momente schnell agiert werden muss, ist dies bei I-Want-to-Go-Momenten von besonderem Belang.

I-Want-to-Do-Momente

In diesen Momenten suchen Menschen nach Anleitungen und klassischen How-to-Formaten. Derartige Momente können vor oder nach dem Kauf auftreten und sie können sich auf das eigentliche Produkt oder andere Themen beziehen, die in einem gewissen Bezug zum eigentlichen Produkt stehen. Die Suchanfragen auf Youtube, bei denen nach Anleitungen gesucht wird wächst jährlich um 70 Prozent (Google, 2015 a). I-Want-to-Do-Momente weisen also ein sehr hohes Potenzial auf, relevante Inhalte bereitzustellen.

I-Want-to-Buy-Momente

Die wichtigsten Momente sind natürlich diejenigen, in denen Menschen eine konkrete Kaufabsicht haben. Hier sollten Informationen, die bei der Kaufentscheidung helfen möglichst einfach auffindbar sein beziehungsweise bereitgestellt werden und der eigentliche Kaufprozess sollte so einfach wie möglich gestaltet sein. Interessant ist hier auch der Bezug zu Offline-Verkaufspunkten: 82 Prozent der Smartphone-Nutzer ziehen ihr Smartphone zu Rate, wenn sie sich in einer Filiale befinden (Google, 2015 a).

NEUE ENTWICKLUNGEN IM CRM

Die rasanten Entwicklungen im CRM und Marketing sowie die generell steigende Bedeutung der Bestandskundenpflege stellen Unternehmen unter Zugzwang. Neben neuen Kanälen und entsprechenden Kontaktpunkten mit Kunden, steigt auch die Menge der erfassbaren Daten und die Zahl ihrer Quellen. Um die Bestandskundenpflege über alle genutzten Kanäle gewinnbringend zu orchestrieren, müssen die richtigen Kundendaten erfasst, analysiert und nutzbar gemacht werden (Cambra-Fierro, Centeno, Olavarria, & Carrasco, 2017). Welche Ansätze und Lösungen für diese Zwecke in Frage kommen und was ihre Vor- und Nachteile sind, wird im späteren Kapitel zur Technologie genauer beleuchtet.

> „More than just tools through which people access content or communicate with each other, smartphones and social media have become extensions through which a growing number of people participate and create modern life and culture. This potent combination of powerful technology and new behaviors will evolve even more rapidly as trillions of sensors, tags and beacons spread into physical objects and the outside world. A new type of personalized cloud of devices, information and applications will travel with the customer, evolving and changing as she moves through her day. In this new environment, the core challenge for brands is to be everywhere and to be ready for however the customer chooses to interact." (The Economist Business Intelligence, 2016)

Neue Datenquellen

Digitale beziehungsweise digital gestützte Geschäftsmodelle haben es mittlerweile nicht mehr lediglich mit klassischen Produkt- und Kundendaten zu tun. Neben statischen Daten, wie generellen Profildaten und soziodemografischen Daten, spielt die zeitliche Dimension eine immer wichtigere Rolle (Sun, 2006). Doch damit sind nicht nur die Kaufhistorie einzelner Kunden sowie die entsprechenden Bestelldaten gemeint. Moderne Technologien erlauben es, das Verhalten individueller Kunden in Echtzeit zu tracken und für Marketingzwecke zu nutzen (The Economist Business Intelligence, 2016). Dadurch rückt vor allem das aktuelle Nutzerverhalten immer mehr in den Vordergrund.

Kundendaten können aus unterschiedlichen Quellen gespeist werden, zum Beispiel aus CRM-Systemen, Data-Warehouses, Web-Tracking-Lösungen oder kanalspezifischen Marketing-Tools, die Response-Daten generieren. Wenn man als Unternehmen eine ganzheitliche Sicht auf einzelne Kunden anstrebt, bedeutet das letztlich, dass mit jedem weiteren Kanal neue Daten integriert werden müssen. Hinzu kommen neue Verkaufs- und Kontaktpunkte, die als Hybride zwischen On- und

Offlinedatenquellen in Erscheinung treten beziehungsweise neue Formen des Kunden-Interfaces bereitstellen. Beispiele sind hier der gesamte Bereich des Internet-of-Things (IoT), aber auch verwandte Konzepte wie Amazon Dash oder sprachbasierte Assistenten, die sowohl in screen-basierten Geräten wie PCs und Smartphones als auch in Fahrzeugen oder Amazons Alexa zu finden sind.

Die umfangreiche Konsolidierung aller Daten sowie die damit verbundene notwendige Flexibilität, auch zukünftig neue Datenquellen integrieren zu können, ist eine der zentralen Herausforderungen bei modernen CRM-Ansätzen. Wichtig ist, dass Datensilos um jeden Preis vermieden werden. Nur so können Daten sinnvoll aufbereitet und genutzt werden, um eine gute und konsistente Customer-Experience über alle Kanäle zu gewährleisten.

Neue Kanäle

Wie eingangs skizziert, beschränkt sich CRM heutzutage nicht mehr allein auf den Kanal E-Mail. Ob Push-Notifications, SMS, Messenger, On-Site-Personalisierung, Programmatic-Advertising oder die Integration von Offlinekanälen wie Direct Mail: Die Bandbreite der möglichen Kontaktpunkte ist immens. Es ist zwar vom jeweiligen Geschäftsmodell und der entsprechenden Zielgruppe abhängig, welche Kanäle generell sinnvoll sind und in welcher Weise sie gewinnbringend in den Marketing-Mix einfließen können. Trotzdem sind die meisten Unternehmen heutzutage auf mehrere Kanäle angewiesen – nicht zuletzt aufgrund der steigenden Anforderungen und Erwartungen der Kunden.

Ein Trend, dessen Bedeutung größer kaum sein könnte, ist der Aufstieg sozialer Netzwerke beziehungsweise großer Login-Plattformen wie Google oder Facebook und Instagram, die sowohl für Zwecke der Akquise als auch für die Kundenbindung genutzt werden können. Auch eine Fusion beider Bereiche funktioniert über soziale Netzwerke gut (Jaber & Simkin, 2017). Denn mit Funktionen wie Facebooks Custom und Lookalike Audiences sowie Googles Customer Match können einerseits Bestandskunden gezielt angesprochen werden, andererseits können auf Basis von Bestandskundendaten neue Kunden mit ähnlichen Profilen gewonnen werden. Große Login-Plattformen haben zudem den Vorteil, dass sie Nutzer über verschiedene Endgeräte hinweg eindeutig identifizieren können. Das führt zusammen mit anderen Maßnahmen der Datenanreicherung zu einer hohen Datenqualität.

Ein zweiter aktueller Trend ist die Verwendung von Messengern wie Whatsapp, Apple Business Chat, Rich-Communication-Services (RCS) und auch klassische SMS für CRM-Zwecke. Messenger bieten den Vorteil, dass sie eine sehr persönliche Kommunikation ermöglichen und sich hervorragend in den Alltag der Kunden integrieren. Darüber hinaus bieten sie auch die Möglichkeit, visuelle Inhalte zu versenden, was für bestimmte Zwecke sehr hilfreich und gewinnbringend sein kann.

Nicht zuletzt gibt es an den unterschiedlichsten Fronten Bemühungen, die digitale und die physische Welt im Allgemeinen weiter miteinander zu verflechten. Dabei spielen neue Benutzerschnittstellen wie Voice ebenso eine Rolle wie Anwendungsfälle einer Augmented Reality (AR) oder etwa Geo/Location-Targeting (Gartner, 2018). Für den CRM-Bereich haben sich hier bereits neue Möglichkeiten ergeben und es ist mit einer ganzen Reihe an weiteren Kontaktpunkten zu rechnen. Doch neben neuen, modernen Kanälen werden auch traditionelle Offlinekanäle digitalisiert. So können beispielsweise mit Lösungen zum digital gestützten Versand von Print-Mailings selbst Briefsendungen personalisiert und zeitlich mit anderen Kanälen abgestimmt werden.

KUNDENZENTRIERTES CRM

Interview mit Christian Efendic, Contorion

Wie hat sich die Technologielandschaft im CRM und Marketing in den letzten Jahren verändert?

Eine der jüngsten und relevantesten Entwicklungen in der Technologielandschaft ist das Aufkommen der Gattung der Customer-Data-Plattformen (CDPs), die sich aktuell neben bestehenden Lösungen wie Marketing-Clouds etablieren. CDPs haben den Vorteil, dass sie umfassende und vereinheitlichte Kundenprofile in einer Single-Source-of-Truth bereitstellen, wozu andere Systeme nur bedingt in der Lage sind. Es gibt zwar eine ganze Reihe an Anbietern, die ihr Produkt als CDP bezeichnen, es bleibt jedoch abzuwarten, welche Lösungen den Ansprüchen wirklich gerecht werden. Denn neben der Konsolidierung der Daten spielt es auch eine Rolle, inwiefern diese für Marketer aufbereitet, dargestellt und nutzbar gemacht werden.

Aber auch Lösungen, die ursprünglich aus kanalspezifischen Tools entstanden sind, entwickeln sich weiter, indem sie beispielsweise proprietäre Lösungen für weitere Kanäle ergänzen. Damit bewegen sich derartige Anbieter strategisch in Richtung der großen Marketing-Clouds, die alle Aufgabenbereiche im CRM beziehungsweise Marketing abdecken wollen, dafür aber weniger agil sind als CDPs.

Welche Rolle spielen Kundendaten heutzutage im CRM und Marketing?

Qualitativ hochwertige Kundendaten sind eine unerlässliche Grundlage für die personalisierte Kundenansprache. Eine One-to-All-Kommunikation funktioniert heutzutage nicht mehr. Kunden erwarten eine Kommunikation, die hinsichtlich der Ansprache, des Kanals und des Zeitpunkts personalisiert gestaltet ist. Und dies ist nur möglich, wenn Kundendaten aus allen Touchpoints an einem Ort zusammengeführt und nutzbar gemacht werden. Alles andere wäre ineffizient und würde zudem auch eine Konformität mit der neuen europäischen Datenschutzgrundverordnung erschweren.

Welche neuen CRM- und Marketingkanäle gibt es und weshalb sind sie für Unternehmen relevant?

Zum einen gibt es Kanäle, die allgemein noch recht neu sind und die im CRM-Bereich bisher nicht genutzt wurden. Hier wären Messenger wie Whatsapp ein gutes Beispiel. Sie sind sehr privat, da Nachrichten quasi „direkt in der Hosentasche“ landen. Messenger weisen sehr hohe Öffnungsraten auf und können für unterschiedlichste Zwecke verwendet werden. Wir bieten unseren Firmenkunden beispielsweise für sie relevante Angebote über Whatsapp an, ermöglichen ihnen aber gleichzeitig auch das Nachbestellen von Werkzeugen und anderen Produkten, indem sie einfach ein Foto vom entsprechenden Produkt machen und es uns via Whatsapp zusenden. Dies ist beispielsweise im Kontext einer Baustelle sehr vorteilhaft, auf der man sich nicht unbedingt durch einen Onlineshop klicken möchte.

Dann sollten sicherlich auch Browser-Push-Benachrichtigungen genannt werden, die eine hohe Click-Through-Rate (CTR) aufweisen und mit denen Kunden zum richtigen Zeitpunkt auch außerhalb der eigenen Website erreicht werden können.

Außerdem werden traditionelle Offlinekanäle digitalisiert und können so Einzug in einen datengetriebenen CRM-Ansatz erhalten. Ein gutes Beispiel sind hier postalische Sendungen (Direct Mailings), die mittlerweile analog zu E-Mails in den Marketing-Mix und damit die bestehende Customer-Journey integriert werden können.

Welche Herausforderungen gehen mit dem Aufkommen neuer Kanäle einher?

Die größte Herausforderung für Marketer ist in diesem Zusammenhang die Orchestrierung der verschiedenen genutzten Kanäle. Wenn die Kanal-Tools nicht auf die gleiche Datenbasis zugreifen können, kann keine abgestimmte Kundenansprache gewährleistet werden. Deshalb ist wie erwähnt eine Single-Source-of-Truth so relevant. Andernfalls läuft man Gefahr, Kanäle isoliert zu nutzen, was zur Folge hat, dass man mehr Verwaltungsaufwand hat und Kunden unkoordiniert angesprochen werden.

Contorion ist ein Onlineshop für Werkzeuge und Handwerkerbedarf. Welche Kanäle nutzt ihr für welche Zwecke?

Zunächst nutzen wir natürlich den E-Mail-Kanal – sowohl für Newsletter, die über den gesamten Customer-Lifecycle die Loyalität steigern sollen, als auch mit Blick auf Transaktionen. Hier setzen wir beispielsweise auf Echtzeitkampagnen für Warenkorbabbrecher, Reaktivierungskampagnen oder auch Cross- und Up-Selling-Kampagnen.

Direct Mail haben wir als analogen, aber digital gestützten Kanal mit Optilyz in den Mix aufgenommen. Direct Mail nutzen wir vor allem für Lifecycle-Kampagnen – so erinnern wir Kunden beispielsweise an Nachbestellungen. Auf der Rückseite postalischer Sendungen bieten wir gleich ein Formular zum Nachbestellen an, das uns dann einfach gefaxt werden kann. So wollen wir die Wiederkaufrate bei Firmenkunden erhöhen und regelmäßige Bestellungen garantieren. Aber auch für das Onboarding oder Cross-Selling-Kampagnen verwenden wir postalische Sendungen.

Interessant sind auch die Möglichkeiten der On-Site-Personalisierung. Hier machen wir beispielsweise von Exit-Intent-Pop-ups Gebrauch, bieten aber auch personalisierte Gutscheine an und implementieren gerade Browser-Notifications für Warenkorbabbrecher-Kampagnen.

Zu guter Letzt bieten wir natürlich auch telefonischen Support an. Ein interessanter Anwendungsfall ist hier zum Beispiel folgender: Wenn wir einen Kunden mit hohem Wert identifizieren, dieser aber einen schlechten Net-Promoter-Score (NPS) angibt, erhält unser Customer-Service eine Benachrichtigung und meldet sich proaktiv, um die schlechte Kundenerfahrung abzufangen und in eine positive zu verwandeln.

PRINT IM ONLINE-MARKETING-MIX

Interview mit Robert Rebholz und Sebastian Wiege, Optilyz

Was sind neue CRM- und Marketingkanäle, die Sie mit Interesse verfolgen und warum?

In unserem Fokus ist vor allem ein altbekannter Kanal: postalische Mailings. Im Zuge der Digitalisierung sind hier besonders spannende Entwicklungen zu beobachten.

Im Kontext der DSGVO bekommt der Kanal wieder deutlich mehr Relevanz. Denn im Gegensatz zu den Onlinekanälen können Briefe, Postkarten, und andere Printerzeugnisse auch weiterhin ohne Einwilligung (Opt-in) genutzt werden, um nahezu alle Bestandskunden anzusprechen.

Gedruckte Mailings bieten dank ihrer Haptik aber noch weitere Vorteile. Zum Beispiel werden Mailings meist bis zum konkreten Bedarf aufgehoben und konvertieren somit sogar noch nach bis zu zwölf Wochen. Außerdem löst ein hochwertig produziertes Mailing mit persönlicher Ansprache ein Gefühl von Wertschätzung beim Empfänger aus. Ein persönlicher Brief mit (gedruckter) Unterschrift des Geschäftsführers schafft zum Beispiel Vertrauen, weshalb dieses Format vor allem für Finanzprodukte geeignet ist. Dies ermöglicht sehr profitable Kampagnen.

Darüber hinaus wird der Kanal schon längst nicht mehr so manuell wie in den 90er Jahren betrieben. Mittlerweile hilft die richtige Software dabei, postalische Mailings genauso systematisch einzusetzen, wie man es bisher nur von den Onlinekanälen kannte.

Deshalb sind postalische Mailings auch für Onlineriesen wie Amazon, Google oder Zalando eine feste Größe im Marketing-Mix.

Die Verknüpfung von On- und Offlinekanälen gewinnt immer mehr an Bedeutung. Wo sehen Unternehmen hier Chancen, welche Gewinne versprechen sie sich?

Im CRM geht es darum, den Lifetime-Value seiner Kunden durch regelmäßige Interaktionen kontinuierlich zu steigern. Das gelingt natürlich am besten, wenn Kunden über alle Kanäle hinweg mit einheitlichen Werbebotschaften angesprochen werden.

Innovative Unternehmen erproben zum Beispiel gerade das Zusammenwirken von E-Mail-Marketing und postalischen Mailings. Hier scheint sich ein echter Katalysator-Effekt abzuzeichnen. Werden Kunden zum Beispiel in der letzten Woche einer Mailing-Aktion per E-Mail auf das nahende Ende hingewiesen, sind enorme Uplifts möglich. Außerdem gibt es immer wieder wertvolle Kunden, die auf bestimmte Kanäle nicht ansprechen. Mit einem Omnichannel-Ansatz können die Marketingaktivitäten sogar an die Kanalpräferenz der Kunden angepasst werden.

Wo wird die Verknüpfung von On- und Offlinekanälen überbewertet und wo ist sie vielversprechend?

Nicht für jeden Anwendungsfall und jede Zielgruppe ist es sinnvoll, alle Kanäle in Einklang zu bringen. Der Aufwand und die Kosten für das Omnichannel-Setup müssen sich natürlich rechnen. Tools, die zur Verknüpfung und Orchestrierung verschiedener Kanäle entwickelt wurden, können hier helfen, den Aufwand zu reduzieren – beispielsweise auch durch Funktionen, die auf künstlicher Intelligenz basieren.

Vielversprechend ist die Verknüpfung da, wo ein echter Mehrwert für die Customer-Journey generiert wird – wenn sich alle Kanäle unterstützen und das einheitliche Bild am Ende positiv vom Kunden wahrgenommen wird. Oder anders gesagt: Wenn hierdurch der Kundenwert gesteigert wird. Am Ende müssen Aufwand und Leistung einfach in einem sinnvollen Verhältnis stehen.

Dass dieses Vorgehen enormes Potenzial hat, zeigt zum Beispiel unser Kunde Hellofresh. Der Kochboxen-Lieferant nutzt E-Mails als Ankündigung für die kommende Mailing-Kampagnen. Das Unternehmen teilt seinen Kunden per E-Mail wenige Tage vor dem Empfang eines Mailings mit, dass sie bald ein unschlagbares Angebot in ihrem Briefkasten finden werden. Mit diesem Vorgehen konnte Hellofresh seine Conversion-Raten verdoppeln und den Return-on-Investment auf 230 Prozent steigern.

Optilyz bringt den postalischen Versand von Werbemitteln in das digitale Zeitalter. Welche Vorteile bietet der digital gestützte Briefversand und wie lässt er sich gewinnbringend in den Marketing-Mix integrieren?

In der Vergangenheit wurde der Kanal hauptsächlich in Form von generalisierten Massenmailings betrieben. Unternehmen versprachen sich durch hohe Auflagen möglich geringe Kosten für Druck und Porto. Aufgrund des manuellen Aufwands erfolgte die Aussendung kaum segmentiert und Werbebotschaften waren wenig personalisiert. Der Kanal wurde regelrecht isoliert vom restlichen Marketing-Mix betrieben – von einer Customer-Journey-Integration konnte nicht die Rede sein.

Durch die digitale Revolution des Kanals hat sich dieses Bild stark gewandelt. So erfolgt die Aussteuerung zunehmend automatisiert und CRM-Daten werden nahtlos genutzt, um deutlich kleinere Zielgruppen mit individuellen Inhalten anzusprechen. Selbst eine Eins-zu-eins-Bilder-Personalisierung ist bereits möglich. Hierbei werden Warenkorbabbrechern zum Beispiel automatisierte Postkarten zugesendet, die zuletzt betrachtete Produkte bildlich aufgreifen.

Außerdem ermöglichen es die bereits erwähnten Orchestrierungstools, alle Marketingkanäle mit wenig Aufwand aufeinander abzustimmen. Optilyz kann in diesen Tools einfach aktiviert werden, um auch den postalischen Kanal in Omnichannel-Strategien zu integrieren. Briefe, Postkarten, Selfmailer und andere Formate werden so zu besonders wertvollen Touchpoints in der Customer-Journey.

Um den postalischen Werbeerfolg auch nachhaltig zu steigern, werden anhand umfassender A/B-Tests optimale Formate, Slogans, Anreize und Bildsprachen ermittelt. Das Tracking erfolgt meist über Gutscheincodes und Coupons, die mit den Mailings versendet werden.

Aus unseren Daten wissen wir, dass dieses systematische Vorgehen die Conversion-Raten um bis zu 70 Prozent steigert und den Aufwand um bis zu 80 Prozent reduziert. Im Prinzip hat der postalische Kanal viel von seinen digitalen Verwandten gelernt. Zusammen mit den oben genannten Vorteilen entwickelt sich der Kanal gerade zu einer Art Wunderwaffe im CRM.

Für welche Unternehmen ist die Nutzung postalischer Sendungen sinnvoll?

Postalische Mailings sind für alle Branchen sinnvoll, die einen ausreichend hohen Customer-Lifetime-Value haben, damit sich Druck und Versand rechnen. Natürlich unter der Prämisse, dass sie über gültige Adressdaten verfügen. Diese kommen meist aus Kundenbestellungen oder Loyalty-Systemen. Unsere erfolgreichsten Kunden kommen aus dem stationären Handel, sind E-Commercer und Versandhändler oder agieren im Versicherungs- und Finanzsektor. Im Idealfall haben sie zwischen 100.000 und 20 Millionen Bestandskunden. Bei einem kleineren Kundenstamm lohnen sich postalische Mailings in der Regel nicht und bei einer größeren Anzahl an Kunden denken Unternehmen meist schon über eine proprietäre Lösung nach.

Was sind konkrete Anwendungszwecke und -beispiele?

Postalische Mailings lassen sich mit der oben genannten Systematik für viele CRM-Zwecke profitabel einsetzen. Unsere Kunden erzielen bei den unten genannten Anwendungsfällen durchschnittliche Conversion-Raten von 3,7 Prozent, teils sogar deutlich mehr. Zum Beispiel generiert unser Kunde Posterxxl im B2C Conversion-Raten von circa acht Prozent, Contorion im B2B circa sieben Prozent.

- Reaktivierung („Wir vermissen Dich!“)
- Second-Order-Push („Vielen Dank für Deine erste Bestellung!“)
- Warenkorbabbrecher („Sie sind noch unentschlossen?“)
- Abwanderungsprävention („Danke, dass Sie unser Kunde sind.“)
- Cross- und Up-Selling („Schon unsere Eigenmarke probiert?“)
- Life-Events („Herzlichen Glückwunsch zum Geburtstag!“)
- Kundenbindungsaktionen („Treue soll belohnt werden!“)
- Empfehlungsmarketing („Empfehlen Sie uns weiter.“)
- Lead-Aktivierung („Jetzt Premium-Vorteile sichern!“)

Für die Anwendungsfälle Second-Order-Push, Warenkorbabbrecher und Reaktivierung möchte ich an dieser Stelle konkrete Beispiele nennen:

- **Beispiel Second-Order-Push**
  Allen Neukunden, die ihre erste Bestellung mit einem bestimmten Mindestbestellwert abgeschlossen haben, bekommen automatisch eine personalisierte Postkarte zugesendet. Die Botschaft lautet „Vielen Dank für deine erste Bestellung! Hier ist dein exklusiver Rabatt von 15 Prozent, damit die nächste Bestellung noch mehr Spaß macht. Löse deinen Gutscheincode ‚XASMC25‘ einfach bei deiner nächsten Bestellung in unserem Onlineshop ein.“

- **Beispiel Warenkorbabbrecher**
  Warenkorbabbrecher, die einen bestimmten Kundenwert haben, sollen doch noch zum Kauf bewegt werden. Also wird ihnen nach dem Kaufabbruch ein automatisierte Postkarte samt exklusivem Rabatt von 15 Prozent zugesendet. Mit der Eins-zu-eins-Bilder-Personalisierung werden die Inhalte auf die Bedürfnisse und Interessen der Kunden zugeschnitten. Also sind auf jedem Mailing individuelle Produkte abgebildet, die sich zuletzt im Warenkorb befanden.

- **Beispiel Reaktivierung**
  Inaktive High-Value-Kunden sollen nach drei Monaten ohne Bestellung mit einer Reaktivierungssequenz aus E-Mail und postalischen Mailings reaktiviert werden. Also wird ihnen im ersten Schritt eine personalisierte E-Mail samt Voucher-Code von zehn Prozent zugeschickt. Nach weiteren zwei Wochen wird allen Kunden dieses Segments, die auf die E-Mail nicht reagierten, ein personalisierter Brief mit der Botschaft „Wir vermissen Sie“ zugesendet. Außerdem befindet sich im Umschlag ein Rabatt-Coupon über 20 Prozent auf die nächste Bestellung.

Strategie

Allgemein sollte eine Kundenbeziehungsstrategie in den Gesamtkontext einer umfassenden Unternehmensstrategie eingebettet sein (Reynolds, 2002; Hippner, Hubrich, & Wilde, 2011). Nur wenn es eine klare Unternehmensstrategie gibt, kann das CRM auf die Unternehmensziele einzahlen und den höchstmöglichen Return-on-Investment (ROI) erzielen (Reynolds, 2002; Payne & Frow, 2006). Damit im CRM ein kundenzentrierter Ansatz implementiert werden kann, muss die entsprechende Strategie vom gesamten Unternehmen getragen werden (Gurău, Ranchhod, & Hackney, 2003). Und so liegt ein kritischer Punkt für den Erfolg der Kundenbindung in der Übereinstimmung des CRM mit der Unternehmensstrategie und -struktur, dem Monitoring, der IT sowie den Mitarbeitern und der gesamten Unternehmenskultur (Choudhury & Harrigan, 2014; Pieler, 2013).

Kernelement einer Kundenbeziehungsstrategie ist eine passende Zielgruppendefinition und die Segmentierung relevanter Kundengruppen. Denn diese bilden im CRM die Basis für eine entsprechende Ressourcenallokation und ermöglichen es, sich auf die profitabelsten Kunden zu konzentrieren, langfristige Beziehungen mit ihnen aufzubauen und zu intensivieren (Van Raaij, Vernooij, & Van Triest, 2003; Reimer, Rutz, & Pauwels, 2014). CRM beginnt damit, Kunden zu analysieren, profitable Kunden zu identifizieren (Meadows & Dibb, 2012) und anschließend deren Loyalität und Zufriedenheit – die ein guter Indikator für erstere ist – mit entsprechenden Maßnahmen zu erhöhen (Trainor, Andzulis, Rapp, & Agnihotri, 2014; Xu & Walton, 2005). Gutes CRM kann zudem helfen, unzufriedene Kunden zu identifizieren und Maßnahmen einzuleiten, diese zu halten oder zu reaktivieren, wenn sie bereits abgewandert sind (Payne & Frow, 2006).

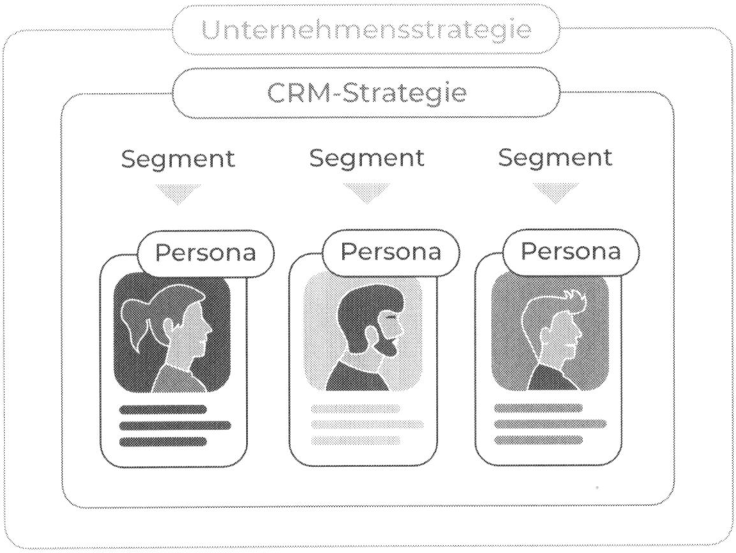

Abb. 7 Ableitung von Personas aus der Unternehmens- und CRM-Strategie

Bei der Kundensegmentierung kann zwischen einer initialen oder strategischen Segmentierung und einer Segmentierung auf Kampagnenebene unterschieden werden. Während erstere dazu dient, die grundsätzlich relevanten Zielgruppen zu identifizieren und damit auch die Basis für die Entwicklung von Personas darstellt, dient letztere dazu, Zielgruppen für konkrete Kampagnen zu definieren. In der Regel beginnt die Selektion auf Kampagnenebene mit einer der strategischen Hauptzielgruppen, fällt aber in den meisten Fällen deutlich granularer aus. Ein Beispiel aus dem Verkehrswesen wäre etwa eine Hauptzielgruppe der geschäftlich Vielreisenden. Natürlich ist hier eine einfache E-Mail-Kampagne vorstellbar, die das gesamte Segment mit der gleichen Botschaft anspricht. Jedoch werden Kampagnen meist granularer aufgesetzt und das Segment würde in weitere Subsegmente unterteilt werden. So könnten beispielsweise geschäftlich Vielreisende auf einer bestimmten Strecke mit gezielten Angeboten angesprochen werden und diese wieder entsprechend ihrer Kanalpräferenzen segmentiert werden. Während App-Nutzer per App-Push-Benachrichtigung angesprochen werden können, werden Kunden, die die App nicht installiert haben, vielleicht via E-Mail oder im Login-Bereich der Website kontaktiert. Wertvolle Kunden können auch postalische Sendungen erhalten, während man bei anderen Segmenten eher auf kostengünstige Kanäle setzt. Ein derartiges Maß an Granularität ist für die Ausrichtung globaler Geschäftsziele oder eine allgemeine Ressourcenallokation kaum relevant, für die Kampagnenentwicklung im CRM aber ein entscheidender Erfolgsfaktor.

Die Entscheidung über die zu nutzenden Kanäle sollte auf den zuvor definierten Zielgruppen und Segmenten basieren beziehungsweise die Spezifika der jeweiligen Zielgruppe berücksichtigen. Erst wenn bestimmt wurde, welche Kanäle im Allgemeinen genutzt werden, kann auf Kampagnenebene eruiert werden, wie Kanäle genutzt und kombiniert werden sollten. Zuletzt muss die Erstellung der jeweiligen Inhalte systematisiert und sichergestellt werden.

ZIELGRUPPEN

> „Customer segmentation is the process of dividing customers into distinct, meaningful, and homogeneous subgroups based on various attributes and characteristics. It is used as a differentiation marketing tool. It enables organizations to understand their customers and build differentiated strategies, tailored to their characteristics." (Tsiptsis & Chorianopoulos, 2009).

Segmente und Personas

Es gibt verschiedene Methoden zur Kundensegmentierung, die mit Blick auf ihre Anwendbarkeit und ihren realen Nutzen gegeneinander abzuwägen sind, aber durchaus auch kombiniert werden können. In Abhängigkeit von den zur Verfügung stehenden Ressourcen, muss für jeden Ansatz bestimmt werden, wie granular der Kundenstamm segmentiert werden sollte, um im operativen Geschäft einen wirklichen Mehrwert zu stiften. Dies gilt für die strategische Zielgruppendefinition ebenso wie für die Kampagnenselektion. Denn je kleinteiliger segmentiert wird, desto mehr Inhalte müssen erstellt und desto mehr automatisierte Strecken müssen definiert werden. Doch für welche Ansätze Unternehmen sich auch entscheiden, die notwendigen Schritte bei der Erstellung folgen grundsätzlich einem ähnlichen Schema. Nachdem die angestrebten Ziele definiert wurden, müssen die für die Segmentierung notwendigen Daten gesammelt und konsolidiert werden. Auf der entsprechenden Datenbasis werden dann mit den Methoden des jeweiligen Verfahrens konkrete Kundensegmente erstellt. Grundsätzlich gilt dabei: Die innerhalb der Segmente vereinten Konsumenten sollten möglichst homogen und Segmente im Vergleich zueinander möglichst heterogen sein (Tsiptsis & Chorianopoulos, 2009). In einem weiteren Schritt können für die strategischen Zielgruppen darüber hinaus Personas erstellt werden.

Ein gewinnbringendes Schema zur Segmentierung weist folgende Charakteristika auf (Tsiptsis & Chorianopoulos, 2009):

- Zahlt ein auf allgemeine Geschäftsziele
- Ordnet idealerweise jeden Kunden einem Segment zu
- Bietet die Chance auf Gewinn in den identifizierten Segmenten
- Liefert erkennbare Profile und Merkmale der gruppierten Kunden
- Ist operativ anwendbar und bietet die Grundlage für effektive Kampagnen

Ziele

Natürlich ist der generelle Fluchtpunkt der Kundensegmentierung wirtschaftlicher Natur. Ein besseres Verständnis der eigenen Kunden ermöglicht eine bessere Personalisierung und Customer-Experience, die wiederum positive Effekte auf die Kundeninteraktion, Conversion-Rates und letztlich den Kundenwert und Umsatz haben. Während für die Identifizierung der initialen Zielgruppen strategische und wirtschaftliche Geschäftsziele als Fluchtpunkt dienen, wird die Zielsetzung auf Kampagnenebene kleinteiliger ausfallen. So ist das Ziel einer Warenkorbabbrecher-Kampagne im E-Commerce-Bereich beispielsweise, Kunden doch noch zum Kauf zu führen, die zwar Produkte zu ihrem Warenkorb hinzugefügt, aber keine Transaktion getätigt haben. Jede Segmentierung sollte also ein vorab definiertes Ziel verfolgen, das der jeweiligen Hierarchieebene Rechnung trägt.

Beispiele für strategische Ziele

- Umsatzsteigerung
- Brand-Awareness erhöhen
- Marktpositionierung verbessern / Abgrenzung von Wettbewerbern
- Identifikation von neuen Marketingmöglichkeiten
- Entwicklung von maßgeschneiderten Produktangebotsstrategien
- Effektivere Ressourcenallokation

Beispiele für Kampagnenziele

- Rate der Wiederholungskäufe erhöhen
- Warenkorbabbrecher zum Kauf führen
- Engagement/Interaktion verbessern
- Kunden am Abwandern hindern
- Kunden eines Segments in ein profitableres überführen
- Abverkauf eines Restposten fördern
- Informationen zu einem neuen Produkt-Feature vermitteln
- Support für eine spezifische Fragestellung verbessern
- Lead-/Adressgenerierung für Veranstaltung
- Image nach einem Zwischenfall verbessern

Daten

Kundendaten bilden die Basis für jede Form der Segmentierung. Dabei ist die Auswahl der Daten – also der für die jeweilige Segmentierung relevanten Kundenattribute – entscheidend. Meist sind nur wenige Attribute für die jeweilige Segmentierung relevant und Marketer tendieren dazu, zu viele Attribute in die Betrachtungen einzubeziehen. Grundsätzlich lassen sich Kundenattribute in drei Gruppen einteilen: Soziodemografische Daten, Verhaltensdaten und psychografische Daten. Diese greifen oftmals auch ineinander und werden kombiniert verwendet.

Soziodemografische Daten

Soziodemografische Daten sagen etwas darüber aus, was Kunden sind. Sie beschreiben die grundsätzliche wirtschaftliche und soziale Situation und geben beispielsweise auch Auskunft über die Nationalität beziehungsweise die Region, in der Kunden leben.

NUTZUNG	DATEN	QUELLEN
Anzeigenschaltung für Außenwerbung, Print und TV Vorsegmentierung (zum Beispiel „Nur Frauen“) Vorhersagen über Verhaltensweisen Personalisierung von Kampagnen	Alter, Geschlecht Ausbildung, Beruf Daten zum Unternehmen/Arbeitgeber (im B2B-Bereich) Einkommen und Vermögen Familienstand und -größe Nationalität Religion	CRM-Systeme Öffentliche Quellen Werbe- und Medienagenturen Daten von Drittanbietern

Tab. 1 Beispiele für soziodemografische Daten

Verhaltensdaten

Verhaltensdaten sagen etwas darüber aus, wie sich Kunden verhalten – sei es Verhalten auf der Unternehmenswebsite, in einer App oder auch ihr Kaufverhalten. Diese Daten sind in der Regel gut messbar und lassen sich bei der Interaktion des Kunden mit dem Unternehmen beobachten und aufzeichnen, um Kundenprofile anzulegen und für CRM-Kampagnen nutzbar zu machen.

NUTZUNG	DATEN	QUELLEN
Produktpräferenzen Kanalpräferenzen Lokalisierung von Angeboten Preissensitivität Inhaltliche Interessen Vorhersagen über Interaktionen	Nutzungsdaten von Website und App Kaufhistorie und -anlässe Standortdaten Genutzte Geräte Mediennutzung	Systeme für kanalübergreifendes Kampagnenmanagement Point-of-Sale-Systeme Tracking-Lösungen E-Mail-Dienste Netzwerk- und Medienanbieter

Tab. 2 Beispiele für Verhaltensdaten

Psychografische Daten

Psychografische Daten sagen etwas über aus, was Kunden denken und empfinden. Sie geben Auskunft über Meinungen, Haltungen und Empfindungen. Dies geschieht meist implizit und die jeweiligen Erkenntnisse müssen aus Äußerungen oder qualitativen Erhebungen abgeleitet werden.

NUTZUNG	DATEN	QUELLEN
Inhalte von Nachrichten Werbekampagnen Wettbewerbspositionierung Call-Scripts (Sales, Support)	Persönlichkeit Werte und Einstellungen Zugehörigkeit zu einer (sozialen) Gruppe Emotionen und Werte Reaktionen auf Inhalte	Inferenz- und Marktmodelle Umfragen Soziale Analysen Kunden-Feedback Interviews

Tab. 3 Beispiele für psychografische Daten

Datenintegration

Die Integration und Konsolidierung der für die Segmentierung notwendigen Daten ist nicht immer trivial, sondern oftmals komplex und zeitaufwendig. Datenmodelle, Datenfelder, Taxonomien und Transformationen werden häufig benötigt, um nützliche Attribute zu erhalten. Traditionell müssen Datenspezialisten ein Data-Warehouse für diese Zwecke bauen. Dies bringt jedoch einige Nachteile mit sich: Einerseits kann es in der Regel nur von Mitarbeitern aus den Abteilungen IT oder Business-Intelligence genutzt werden, da es Programmier- beziehungsweise Datenbankkenntnisse erfordert, zum anderen können Kundensegmente nicht unmittelbar erstellt werden, was vor allem mit Blick auf die Kampagnenplanung zu ineffizienten Prozessen führt. Im Kapitel Technologie werden verschiedene Systeme zur Verwaltung von Kundendaten verglichen und es wird darauf eingegangen, wie die neue Software-Kategorie der Customer-Data-Plattformen (CDP) Unternehmen dabei helfen kann, alle relevanten Daten in einer zentralen Plattform zu integrieren und für die Kundensegmentierung nutzbar zu machen. Im CRM-Bereich geht es hier vor allem um proprietäre Bestandskundendaten aus den oben genannten Kategorien. Dies können relativ statische soziodemografische Daten sein, Verhaltensdaten wie die Kaufhistorie oder das Verhalten auf einer Website oder auch psychografische Daten, die sich beispielsweise aus dem telefonischen Kundenkontakt oder aus Umfragen ableiten lassen. Diese internen Kundendaten können darüber hinaus mit Daten von Drittanbietern angereichert werden, wenn dies als sinnvoll erachtet wird. Entscheidend ist hier für den operativen Erfolg bei der Planung und Umsetzung von kundenspezifischen Kampagnen, dass die Daten schnell und ohne Umwege verfügbar sind.

Segmente erstellen

Es gibt unterschiedliche Meinungen über die ideale Anzahl an Segmenten. Theoretisch gibt es allerdings keine Obergrenze, solange die gewonnen Segmente statistisch genügend differenziert und vor allem nützlich sind. Die optimale Anzahl kann auch über statistische Methoden wie etwa durch bestimmte Clustering-Modelle ermittelt werden. Grundsätzlich gilt jedoch, dass Unternehmen nur so viele Segmente erstellen sollten, wie sie operativ auch abdecken können. Durch die vorhandene Datenbasis, Ressourcen und die verwendeten Systeme werden der Segmentierung gewissermaßen praktische Grenzen gesetzt. Für Unternehmen ist es also durchaus ratsam, sich vor der Segmentierung darüber Gedanken zu machen, wie viele Segmente sie in der Praxis auch nutzen können. Nützliche Segmente zeichnen sich dadurch aus, dass die groß genug sind, um einen signifikanten Effekt zu erzielen und dass sie differenziert genug sind, um mit einer personalisierten Ansprache einen höheren Ertrag zu generieren als mit einer generischen. Des Weiteren ist es sinnvoll darauf zu achten, dass Segmente sich möglichst gegenseitig ausschließen, in der Summe aber möglichst viele Kunden abdecken.

Segmente können grundsätzlich auf Basis von allen Faktoren erstellt werden, die sich quantifizieren lassen. Viele Attribute sind per se quantitativer Natur, seien es Daten zur Kaufhistorie, Öffnungs- und Klickraten oder auch Verhaltensdaten, die auf einer Website getrackt werden. Qualitative und oftmals auch psychografische Daten müssen erst in eine quantitative Metrik übersetzt werden. Grundsätzlich gibt es bei der Segmentierung zwei übergeordnete Herangehensweisen. Entweder zieht man die Wünsche und Erwartungen der Kunden in die Betrachtungen mit ein und bringt diese in ein Verhältnis zum Wert der Kunden (Needs/Value-Segmentierung) oder aber man sucht mit entsprechenden Methoden nach Clustern, also nach

Kunden mit ähnlichen Charakteristika, ohne vorab zu definieren, welche Attribute relevant sind (Clustering).

Needs/Value-Segmentierung

Bei der Needs/Value-Segmentierung geht es darum zu ermitteln, welche Kombination von Attributen, die Auskunft über Kundenbedürfnisse (Needs) geben, den größten Wert (Value) für das Unternehmen generieren. Im Grunde gilt es also herauszufinden, welche Faktoren einen Kunden profitabel machen und am meisten auf eine bestimmte Zielvariable einzahlen, die einen monetären Wert beschreibt. Entsprechende Werte können beispielsweise der Customer-Lifetime-Value, der durchschnittliche Warenkorbwert oder die Wirtschaftlichkeit sein. Da die entsprechenden Attribute nach dem Maß ihres Einflusses auf den jeweiligen Wert geordnet werden, werden sie häufig in Form von Entscheidungsbäumen dargestellt, um der hierarchischen Struktur zu entsprechen. Die Segmentierung und die entsprechenden Entscheidungsbäume beginnen mit dem Attribut, das den größten Einfluss auf den monetären Wert hat und wird dann granularer aufgeschlüsselt. In diesem Modell können sowohl diskrete Attribute wie die Aufteilung nach Gender als auch kontinuierliche wie etwa das Alter abgebildet werden. Letztere müssen allerdings in diskrete Bereiche aufgeteilt werden. Es gibt verschiedene Methoden, um eine Needs/Value-Segmentierung durchzuführen. Die Segmentierung kann manuell beziehungsweise mit Hilfe simpler Tools geschehen oder es werden statistische Algorithmen genutzt. Zu den weitverbreitetsten Algorithmen zur Entscheidungsfindung beziehungsweise Regressionsanalyse zählen CART (Classification and Regression Trees) und CHAID (Chi-square Automatic Interaction Detectors). Aber auch bestimmte Artificial-Neural-Networks (ANN) können hier Verwendung finden. Die durch eine Needs/Value-Segmentierung gewonnenen Kundengruppen können durch verschiedene Verfahren priorisiert beziehungsweise bewertet werden. Profitablere Segmente können identifiziert und durch intensivere Maßnahmen gehalten oder sogar im Wert gesteigert werden. Andere Segmente werden eher kostengünstig bespielt und Segmente, die ein hohes Risiko aufweisen abzuwandern, können mit dedizierten Maßnahmen gehalten werden. Die Priorisierung kann auf Basis von Erfahrungen und Intuition geschehen, es können aber auch Loyalitätsstufen der Kundengruppen oder ein Scoring nach dem Modell Recency-Frequency-Monetary-Value (RFM) genutzt werden, um den Wert der jeweiligen Kundengruppe zu bestimmen und diese untereinander zu vergleichen. Das RFM-Modell kann darüber hinaus auch als eigenständige Methode zur Segmentierung genutzt werden, wie sie in Kapitel RFM-Segmentierung beschrieben wird.

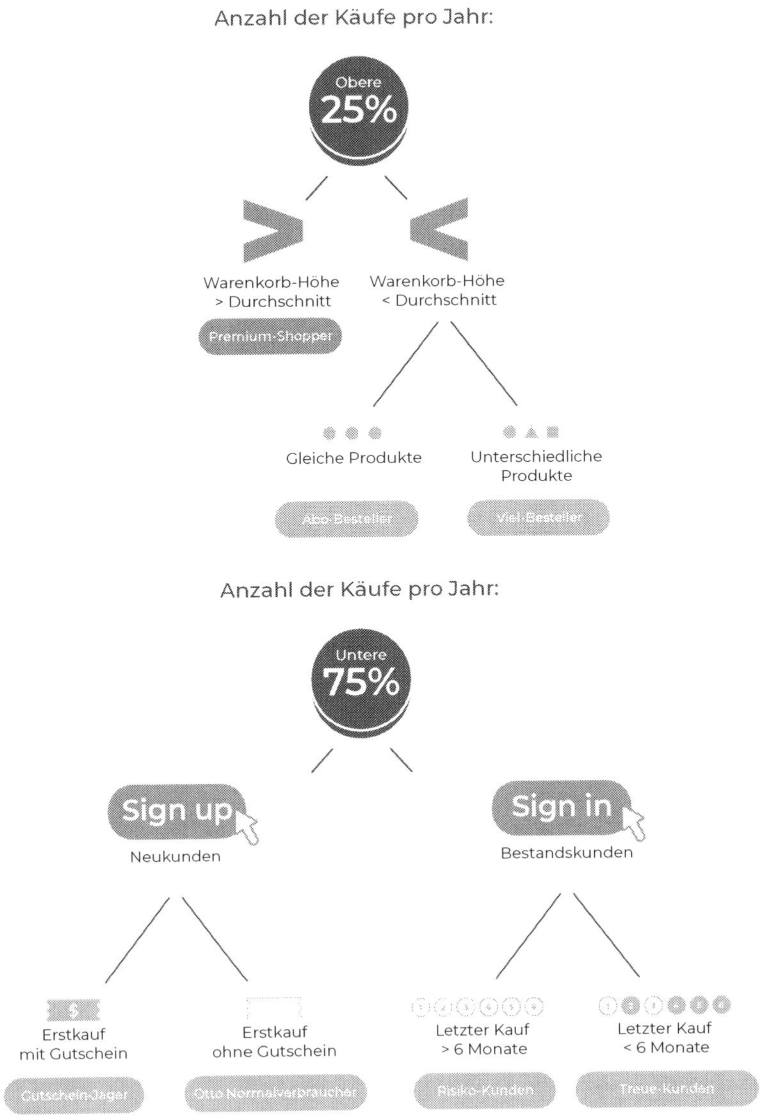

Abb. 8 Entscheidungsbäume für die Needs/Value-Segmentierung

Clustering

Beim Clustering werden Segmente gebildet, indem Kunden mit ähnlichen Charakteristika gruppiert werden. Anders als bei der Needs/Value-Segmentierung werden Attribute beim Clustering nicht hinsichtlich ihres Effekts auf eine bestimmte Zielvariable bewertet. Stattdessen wird ohne feste Zielsetzung versucht, auf Grundlage der jeweiligen Datenbasis Muster zu erkennen. Die Daten sprechen also gewissermaßen für sich. Software-Lösungen für statistische Zwecke bieten meist eine Reihe an verschiedenen Clustering-Methoden an. Unter ihnen ist der k-Means-Algorithmus sicherlich am weitesten verbreitet. Der Algorithmus ist ein Verfahren zur Vektorquantisierung, das sich gut für die Clusteranalyse eignet. Beim k-Means-Clustering wird zuvor die Anzahl der gewünschten Cluster beziehungsweise Segmente festgelegt, in die die Kunden dann iterativ gruppiert werden. Jedes Cluster hat einen Schwerpunkt und die Kunden werden dem Cluster des naheliegendsten Schwerpunktes zugeordnet. Die Schwerpunkte werden iterativ verschoben, bis die Cluster möglichst optimal ausbalanciert sind, also die Schwerpunkte möglichst weit auseinander liegen und jeder Kunde möglichst nah an einem Schwerpunkt liegt – mathematisch wird die Summe der Varianzen der Cluster minimiert. Andere Clustering-Methoden, die zum Einsatz kommen können, sind etwa der Two-step-Algorithmus oder die latente Klassenanalyse.

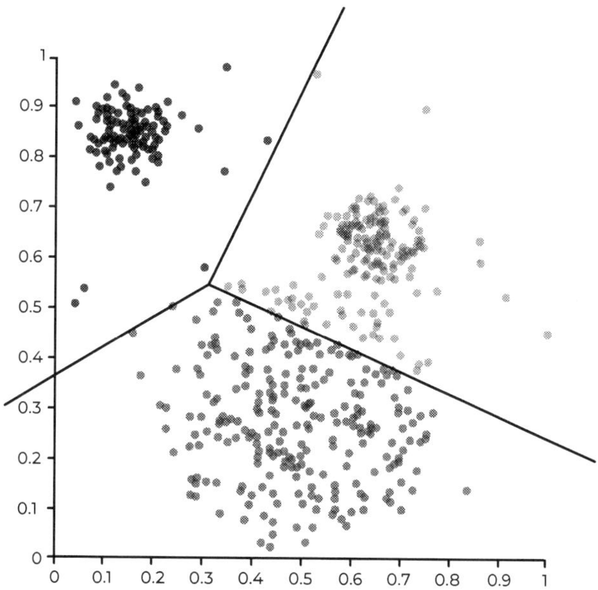

Abb. 9 k-Means-Algorithmus

Stehen die anhand der gewählten Methode gebildeten Segmente fest, können die entstandenen Cluster weiter analysiert und charakterisiert werden, um sie für Kampagnen nutzbar zu machen. Hypothesen können helfen, die gefundenen Cluster besser zu verstehen und ihre Relevanz für die weitere Kampagnenentwicklung zu definieren. Ebenso können die Cluster manuell auf bestimmte Muster und Gemeinsamkeiten hin untersucht werden, die die Charakterisierung des Segments erleichtern. Software kann helfen, diese Muster zu erkennen.

Zur Evaluation der aus den Daten gebildeten Segmente, können im Allgemeinen folgende Kriterien herangezogen werden (Wedel & Kamakura, 2012):

- Grad der Identifizierbarkeit: Ist das Segment statistisch differenziert genug?
- Größe des Segments: Ist das Segment groß genug, um den Aufwand und die Kosten der Personalisierung zu rechtfertigen?
- Zugänglichkeit: Kann das Segment effizient genug angesprochen werden?
- Stabilität: Ist das Segment über die Zeit stabil oder verändert es sich schnell?
- Nutzbarkeit: Bietet das Segment eine gute Basis für effektive Marketingstrategien?
- Reaktionsfähigkeit: Reagieren Kunden des Segments in ähnlicher Weise?

Personas

Im Grunde sind Personas nichts anderes als eine vermenschlichte oder personifizierte Darstellung relevanter Kundensegmente. Sie dienen als eine realistische, aber exemplarische Beschreibung der jeweiligen Zielgruppe. Damit Personas wirklichen Mehrwert stiften, sollten sie möglichst allgemeingültig sein und Extremfälle oder Nischensegmente ausschließen. Es sollten also nicht für alle Segmente Personas erstellt werden, sondern lediglich für strategische Zielgruppen. Bei der höheren Anzahl an Segmenten auf Kampagnenebene, die Zielgruppen deutlich granularer abbilden, stiften dedizierte Personas wenig Mehrwert.

Personas beinhalten echte menschliche Eigenschaften, Hintergründe und Ziele, damit sie im Vergleich zu reinen Datensätzen eine gewisse Dimensionalität und Greifbarkeit gewinnen. So werden die wichtigsten Erwartungen und Ziele der jeweiligen Zielgruppe abgebildet und ein wahrscheinliches oder typisches Verhalten mit Blick auf das Produkt beziehungsweise die Dienstleistung beschrieben oder vorhergesagt. In welchem Detailgrad und welcher Komplexität Personas ausgearbeitet werden, ist dabei grundsätzlich offen. Das Spektrum reicht hier von einfachen Beschreibungen bis hin zu kreativen, ausgearbeiteten Darstellungen, die sogar mediale Beispielinhalte umfassen können.

Doch Personas sind keine reine Kreativübung. Sie helfen bei der Entscheidungsfindung in vielerlei Hinsicht – einige Beispiele sind:

- Besseres Verständnis der Zielgruppe und ihrer primären Bedürfnisse
- Personalisierungsmöglichkeiten identifizieren
- Relevante und individuelle Inhalte erstellen
- User-Experience (UX) definieren und optimieren

- Relevante Stakeholder und Multiplikatoren finden
- Neue Angebote/Features priorisieren beziehungsweise definieren

Idealerweise basieren Personas auf den signifikantesten Faktoren, die die jeweilige Zielgruppe von anderen Segmenten differenzieren. Sind Eigenschaften, die man mit Personas abbilden möchte, nicht bereits in den Datensätzen der Segmentierung enthalten, können letztere auch durch Ergebnisse aus Recherchen, Umfragen oder Interviews angereichert werden. Neben grundsätzlichen demografischen Daten wie Alter und Geschlecht beinhalten Persona auch typische Verhaltens- und Interaktionsmuster sowie die Einstellung zum Unternehmen und Produkt.

Einige Beispielinhalte einer Persona, die für die Veranschaulichung dienen, sind:

- Foto
- Name
- Berufsbezeichnung
- Demografische Merkmale: Alter, Geschlecht, Familienstand, Ort, Bildungsgrad, Berufserfahrung, Einkommen
- Persönlicher Hintergrund: Erfahrungen, Interessen, Freizeitgestaltung, soziales Umfeld, Herkunft, Technikaffinität
- Typischer Tagesablauf
- Allgemeine Fähigkeiten

Darüber hinaus umfassen Personas Informationen, die für den Verkaufsprozess beziehungsweise das Beziehungsmanagement relevant sind:

- Allgemeine Einstellung zum Unternehmen/Produkt
- Kunden-/Nutzerverhalten beziehungsweise typisches Nutzungsszenario
- Motivationen und Erwartungen
- Herausforderungen, Probleme und Ziele
- Entscheidungskriterien
- Informationsstand: Produktinfos, Beispielkampagnen, Wettbewerber
- Informationsquellen: Nachrichten, Netzwerke, Verbände, Inspirationsquellen
- Genutzte Kommunikationskanäle

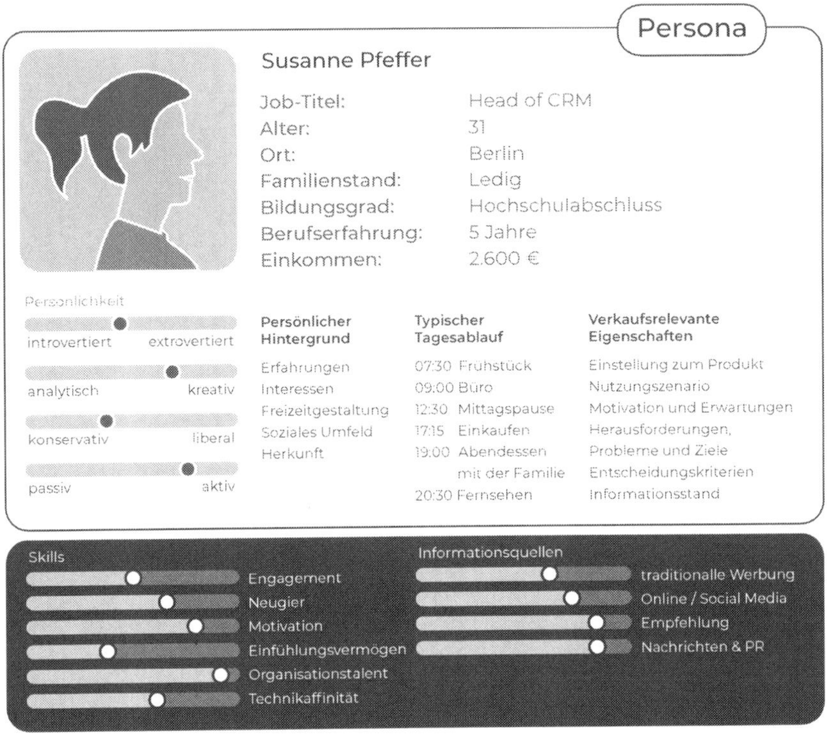

Abb. 10 Beispiel-Persona

Ansätze zur Kundensegmentierung

Gastbeitrag von Olga Walter, CRM-Consultant

Nutzer segmentieren – aber wie?

Individualisiertes Marketing und damit die gezielte Ansprache einzelner Kundengruppen sind Themen die jeden Marketer tagtäglich aufs Neue beschäftigen. Häufig jedoch stellt sich die Frage, anhand welcher Kriterien überhaupt sinnvolle Segmente gebildet werden können. Oder aber es liegen bereits Segmente vor, die sich jedoch nicht wie erwartet monetarisieren lassen. In diesem Beitrag erfahren Sie, welche Ansatzpunkte der Segmentierung es gibt und worauf Sie achten müssen, wenn Sie Ihre ganz eigenen, ertragreichen Segmente für Ihren Business-Case finden möchten.

Grundsätzlich gilt: Ihre wertvollsten Segmente sind so individuell wie Ihr Geschäftsmodell und Ihre Firmenhistorie. Ein Segment, das im Fall A bestens funktioniert, kann im Fall B nutzlos sein. Das heißt, am Ende müssen Sie Ihre ganz eigenen Regeln, die Ihnen zu einem tatsächlichen Uplift verhelfen, finden und definieren. Aber es gibt natürlich allgemeingültige Ansätze, die Ihnen dabei helfen.

1. Segmentierung nach Aktivität

Ein Ansatz der zumeist für alle Online-Geschäftsmodelle – egal ob Portal oder Onlineshop – relevant ist, ist die Nutzeraktivität. Das heißt, wann hatte der Nutzer das letzte Mal Kontakt zu Ihrer Seite beziehungsweise Marke. Dabei ist entscheidend, zunächst Kontaktpunkte in den einzelnen Kanälen zu betrachten – also wann hat ein Nutzer zum letzten Mal eine E-Mail geöffnet, wann das letzte Mal die Website besucht und wann das letzte Mal eine Anzeige gesehen. Warum ist das wichtig? Gerade im Bereich des E-Mail-Marketing geschieht es häufig, dass Kunden aufhören die Newsletter zu lesen, aber dennoch regelmäßig im Webshop vorbeischauen. Das kann zum Beispiel daran liegen, dass sie den Shop bereits sehr gut kennen und ganz genau wissen, was sie benötigen. Zusätzliche Werbeangebote interessieren sie dabei nicht. Oder aber der Nutzer hat sich generell dazu entschieden, weniger Werbe-E-Mails zu konsumieren. Die Liste an möglichen Gründen ist endlos. Daraufhin passiert es häufig, dass man derartige Kunden aus der Newsletter-Brille als inaktiv einstuft und ihnen Kampagnen à la „Wir vermissen Dich" zusendet. Der Kunde wird sich wundern, was diese Nachricht soll, denn er war doch kürzlich erst auf der Seite und hat womöglich sogar gekauft. Ein entscheidender Kontaktpunkt für die Einstufung der Aktivität ist also grundsätzlich einmal der letzte Seitenbesuch. Danach folgen die letzten Interaktionen in den diversen anderen Kanälen, die dafür genutzt werden können, Nutzer im jeweiligen Kanal zu reaktivieren, wenn diese nicht mehr auf der Website aktiv sind. Im oben genannten Beispiel der Newsletter-Abonnenten, die diesen nicht lesen, könnte man dem Nutzer in einer E-Mail-Kampagne und auf der Website anbieten, dass er sich den Inhalt seiner Newsletter selbst zusammenstellt. Das heißt, er könnte die Kategorien auswählen, die ihn ohnehin interessieren und dann vielleicht noch einstellen, welche Informationen er daraus erhalten will. Also beispielsweise Produktneuheiten oder Sonderangebote. Gänzlich inaktive Nutzer, die schon seit geraumer Zeit nicht mehr auf Ihrer Seite waren, können Sie mit attraktiven Angeboten über sämtliche Kanäle wie Facebook, E-Mail oder Display-Ads zurückholen. Welche Marketing-Message dabei anzuwenden ist, muss getestet werden. Eine letzte Herausforderung bei der Segmentierung nach Aktivität ist die Definition ab wann ein Nutzer als inaktiv betrachtet werden sollte. Auch dabei gibt es keine allgemeingültige Richtlinie. Denn die durchschnittliche Besuchsfrequenz eines Onlinelebensmittelhandels ist aufgrund der angebotenen Produkte eine potenziell viel höhere als die eines Onlinemöbelshops. Demnach müssen Sie sinnvolle Kriterien individuell im Kontext des Verhaltens Ihrer Nutzergesamtheit ermitteln.

Das heißt, in welchem Zyklus kommen die aktivsten 30 Prozent Ihrer Nutzer auf Ihre Seite. Wie verhalten sich die 30 Prozent der inaktivsten Nutzer hinsichtlich der Besuchsfrequenz. Und in welchem Rahmen kommen die 40 Prozent an Durchschnittsnutzern auf die Seite. Kennen Sie deren Verhalten? Sind Sie in der Lage, anhand der Metrik „Letzter Seitenbesuch vor X Tagen" einzuordnen, wie aktiv ein bestimmter Nutzer gerade ist und wann Handlungsbedarf besteht?

2. Segmentierung nach RFM-Score

Eine zweite, aussichtsreiche Segmentierung ist die nach dem RFM-Scoring. Sicherlich kennen Sie das Modell der Recency-Frequency-Monetary-Ratio. Dabei sehen Sie sich an, wann Ihr Kunde zum letzten Mal gekauft hat, wie häufig dieser in seinem Kundenleben schon gekauft hat und wie viel Umsatz beziehungsweise Marge er in diesem erzeugt hat. Im Customer Relationship Management (CRM) empfiehlt es sich grundsätzlich mit Margen zu arbeiten. Denn nur sie geben Aufschluss über den tatsächlichen Kundenwert, den sogenannten Customer-Lifetime-Value, dessen Steigerung das Hauptziel im CRM ist beziehungsweise sein sollte. Diese drei Faktoren werden zueinander ins Verhältnis gesetzt und ergeben am Ende einen Score zwischen eins und fünf der Ihnen Aufschluss darüber gibt, wie gut beziehungsweise wie wertvoll der jeweilige Kunde ist. Sobald Sie Ihre Kunden nach einem entsprechenden Scoring-Modell kategorisiert haben, gibt es zwei Möglichkeiten: die Segmentierung nach dem Gesamt-Score, also der RFM-Ratio, oder aber nach den jeweiligen Scores pro Faktor. Welche Variante wann Sinn macht, hängt vom Ziel der jeweiligen Kampagne beziehungsweise Markenbotschaft ab. Geht es beispielsweise um eine Sale-Kampagne, bietet sich die Segmentierung nach dem Gesamt-Score an. Ihren besten Kunden mit einem Score von vier und fünf ermöglichen Sie den Zugang zur Sales-Kategorie schon ein wenig früher und kündigen dies in einer exklusiven Pre-Sale-Kampagne an. Ihre weniger guten Kunden mit einem Score von eins, zwei und drei gewähren Sie den Zugang ein paar Tage später und werben mit nie dagewesenen Rabatten von bis zu XX Prozent. Möchten Sie mit Ihrer Kampagne jedoch generell schlechtere Kunden zu besseren entwickeln, ist eine Segmentierung nach den Einzel-Scores sinnvoller, da ein schlechter Gesamtscore unterschiedliche Ursachen haben kann. Einige Beispiele: Kundengruppe A kauft häufig, hat auch kürzlich gekauft, aber ausschließlich aus margenschwachen Kategorien oder im Sale. Kundengruppe B hat eine gute Marge, hat vor nicht allzu langer Zeit gekauft, aber bisher nur einmal. Kundengruppe C hat ebenfalls eine gute Marge, hat schon häufig gekauft, nur der letzte Kauf liegt sehr lange zurück. Bei allen drei Kundengruppen ist ein unterschiedlicher Ansatz gefragt: Gruppe A erhält beispielsweise einen Rabattgutschein auf eine sehr margenstarke Kategorie, welcher nicht auf Sonderangebote anwendbar ist. So lässt sich diese Gruppe an bisher unbekannte Sortimentsbereiche heranführen. Gruppe B erhält ein Incentive für den Folgekauf, das idealerweise zeitlich stark begrenzt ist. Je nach Fall kann sich auch ein sehr hohes Incentive rechnen. Denn oft ist der zweite Kauf die Hürde, um Stammkunde zu werden oder zumindest ein drittes oder viertes Mal zu kaufen. Zuletzt muss Gruppe C noch reaktiviert werden. Hier bleibt vorab zu analysieren, welche Gründe es für den Kaufstopp geben könnte. Gab es ein Serviceproblem? Dann ist eine Entschuldigungskampagne sinnvoll. Haben Sie keine Idee, woran es liegen könnte, hilft oft eine Umfrage zur ersten Kontakt-Wiederaufnahme mit einem anschließenden Incentive zum Kauf.

3. Segmentierung nach Predictive Segments

Sind Sie im Prozess der Segmentierung schon etwas fortgeschrittener und haben bereits gelernt, wie Sie einzelne Kundengruppen gezielt zu einem höheren CLV überführen können, können Sie auf Basis des Nutzerverhaltens der Vergangenheit Prognosen über zukünftiges Verhalten erstellen – und dies auch für neue Nutzer. Auch das ist häufig eine sehr ertragreiche Methode der Kundensegmentierung. Um das umzusetzen nehmen Sie eine in der Vergangenheit erfolgreich getestete Kundengruppe und analysieren diese hinsichtlich ihres Erstkaufs. Falls dieser noch nicht ausreichend Aufschluss über ein identifizierendes Muster gibt, ziehen Sie außerdem den zweiten und dritten Kauf zu Ihrer Betrachtung hinzu. Dann ergibt sich meist eine Gemeinsamkeit, wie der Kauf aus einer bestimmten Produktkategorie oder gar der wiederholte Kauf eines bestimmten Produktes. Von nun an können Sie alle neueren Kunden und Neukunden, die ihren Erstkauf tätigen, nach diesen Kriterien überprüfen und dem jeweiligen Kundendatensätzen eine entsprechende Flag hinzufügen. Alle geflaggten Kunden können Sie nun mit den bereits erfolgreich getesteten Kampagnen beehren.

Natürlich gibt es neben diesen drei Ansätzen für Segmentierungen noch unzählige weitere, die man anwenden und testen kann. Erwähnenswert ist dabei vor allem noch die Segmentierung nach Interessen – entweder direkt beim Kunden abgefragt oder aus der Kaufhistorie der Kunden hergeleitet. In manchen Fällen kann auch die Segmentierung nach Alter oder Geschlecht sinnvoll sein. Dabei reicht es jedoch nicht aus, Farben und Bilder auf vermeintlich geschlechtsspezifische Unterschiede anzupassen. Der Erfolg der Männlich/Weiblich-Segmentierung liegt in einer gänzlich unterschiedlichen Ansprache. Denken Sie nur einmal an Ihre Freunde, Ihren Partner oder Ihre Partnerin, und machen Sie sich bewusst wie unterschiedlich Männer und Frauen in so vielen Dingen „ticken". Um herauszufinden, wie Sie Ihr Produkt optimal an den Mann beziehungsweise an die Frau bringen, kann es sinnvoll sein, Personas zu entwickeln und darauf aufbauend Markenbotschaften und Buzzwords zu finden, die der jeweiligen Persona gerecht werden.

RFM-Segmentierung

Heutzutage gibt es unzählige Tools, die es ermöglichen, den Erfolg von CRM- und Marketing-Kampagnen genau zu messen. Mit einem datengetriebenen Ansatz ist es sogar möglich, die Performance für jeden einzelnen Kanal oder über alle Kanäle hinweg automatisiert zu messen. Aber wie sieht es mit dem Lebenszyklus eines Kunden aus? Wie kann man diesen abbilden, analysieren und auch sicherstellen, dass die Ergebnisse im Laufe der Zeit automatisch aktualisiert werden?

Eine der effizientesten Methoden um die Performance von CRM-Kanälen zu messen ist die Anwendung des RFM-Modells. Das RFM-Modell berücksichtigt drei Kerndimensionen des Kaufverhaltens eines Kunden: Zeit seit dem letzten Kauf (Recency), Kauffrequenz (Frequency) und den monetären Wert (Monetary Value). Diese Daten werden primär für die Berechnung des Customer-Lifetime-Value (CLV) verwendet – der geschätzte Betrag, der mit einem Kunden während seines gesamten Kundenlebens erzielt werden kann. Auf dieser Basis können sowohl die wertvollsten Kunden identifiziert und gezielt angesprochen werden als auch diejenigen, bei denen das Risiko besteht, dass sie abwandern.

Welche Probleme löst dieser Ansatz?

Das RFM-Modell ermöglicht es, das Kaufverhalten bestehender Kunden besser zu verstehen und besonders die Performance jeder einzelnen Zielgruppe zu verbessern. Das RFM-Scoring kann unter anderem für folgende Anwendungsfälle genutzt werden:

- Identifizieren der Kunden mit den höchsten Warenkörben und dem größten Kaufbedarf – die aktivsten Kunden
- Reaktivieren von Kunden, die in der vergangenen Zeit nur wenig Berührungspunkte mit der Marke hatten
- Verhindern des Verlustes bestehender Kunden
- Verwendung eines datengetriebenen Ansatzes zur Verteilung von Marketingbudgets auf die verschiedenen Zielgruppen

Wie funktioniert der Ansatz in der Realität?

Die Idee des RFM-Modells ist es, Kunden basierend auf ihrer vergangenen Aktivität und ihrem Kundenwert entsprechend der drei Dimensionen zu bewerten und in einer entsprechenden Matrix einzuordnen.

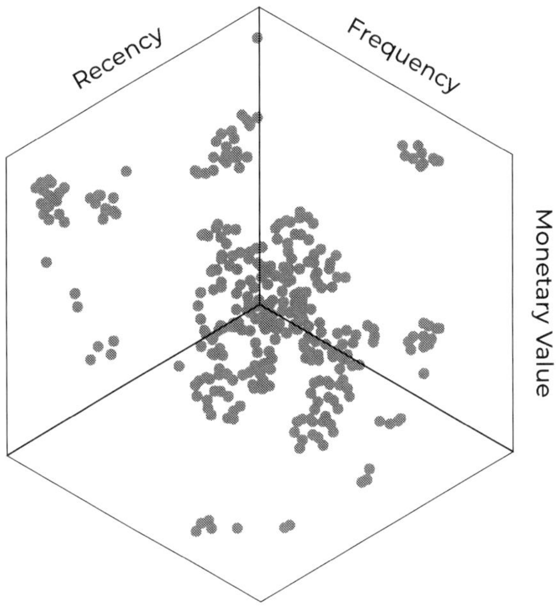

Abb. 11 RFM-Modell zur Einordnung des Kundenwerts

Um die Kundensegmente am effizientesten darzustellen, kann man die Dimension Recency in diskrete Zeitabschnitte einteilen und erhält so mehrere zweidimensionale Matrizen. Das durch eine dieser Matrizen abgebildete Zeitfenster richtet sich nach der jeweiligen Branche und ihres durchschnittlichen Kaufzyklus. Dieser beträgt bei vielen E-Commerce-Modellen beispielsweise zwischen 90 und 100 Tagen. Autohersteller hingegen rechnen üblicherweise mit einem Kaufzyklus von mehreren Jahren, während Supermärkte einen wöchentlichen Besuch ihrer Kunden erhoffen.

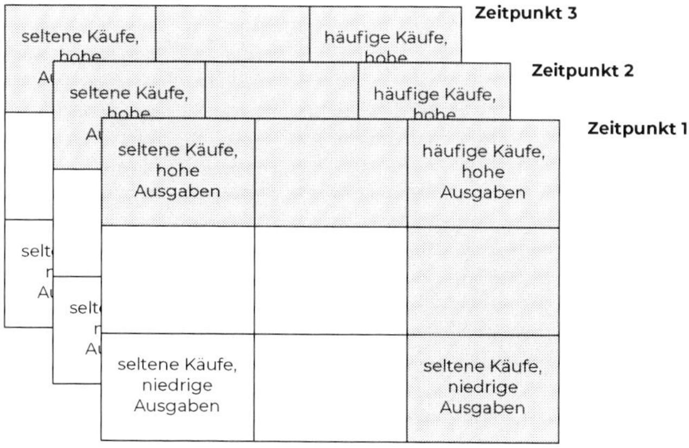

Abb. 12 Ebenen des RFM-Modells nach diskreten Zeitabschnitten

Bei Verwendung von Kauffrequenz und monetärem Wert als Diagrammachsen, ist es einfach, Kunden auf Basis ihrer Bestellhistorie einzuordnen. Segmente mit einer geringen Kauffrequenz eignen sich beispielsweise für Reaktivierungskampagnen, wohingegen aktivere Kunden eher auf Up- oder Cross-Selling-Kampagnen reagieren.

Die wertvollsten Kunden liegen für gewöhnlich im oberen Bereich der Skala des monetären Wertes, allerdings sind sie nicht immer auch die aktivsten Kunden. Denn eine hohe Kauffrequenz kann hohe Transaktions- oder Versandkosten auf Unternehmensseite mitsichbringen. Deshalb sollten die Kosten der eigenen Bestellabwicklung in die Bewertung einfließen, um die wirklich profitabelsten Kunden zu identifizieren.

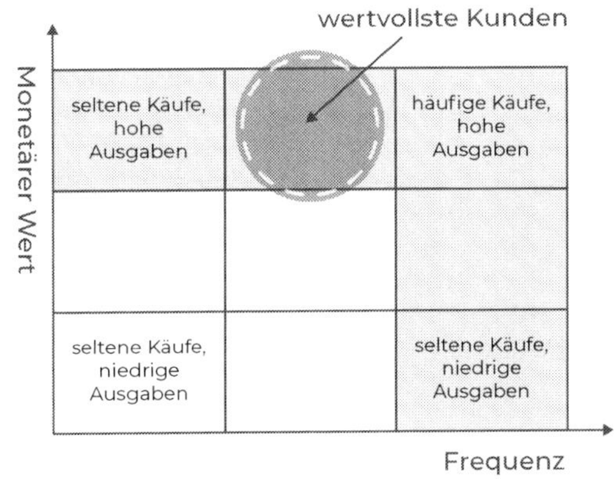

Abb. 13 Grundlegende Matrix aus Frequenz und monetärem Wert des RFM-Modells

Die Anzahl der diskreten Bereiche oder Stufen für Frequenz und monetärem Wert pro Recency-Bereich liegt in der Regel zwischen drei und fünf. Je mehr Unterschiede es zwischen Produktkategorien und Zielgruppen gibt, desto mehr Bereiche sind anwendbar. Mit je drei Stufen für Frequenz und monetärem Wert bei drei Recency-Bereichen gibt es 27 mögliche Bewertungsstufen nach denen Kunden segmentiert werden können.

Traditionelle Herangehensweise an RFM-Bewertungen

Die geringste Bewertung in einem Standard-RFM-Modell ist 1-1-1 (eins von drei bei der Zeit bis zum letzten Kauf, eins von drei bei der Kauffrequenz und eins von drei beim monetären Wert). Kunden in diesem Segment haben seit längerer Zeit keine Bestellung mehr getätigt und ihr durchschnittlicher Warenkorb lag unter dem Durchschnitt. Der höchste Wert ist dementsprechend 3-3-3 (oder 5-5-5 bei Verwendung von fünf statt drei Bereichen). In diesem Bereich finden sich sehr loyale Kunden, mit hoher Kauffrequenz und einen signifikant hohen durchschnittlichen Warenkorbwert. Alle Kombinationen zwischen diesen Bereichen beschreiben weitere Kundensegmente entsprechend ihres Kaufverhaltens.

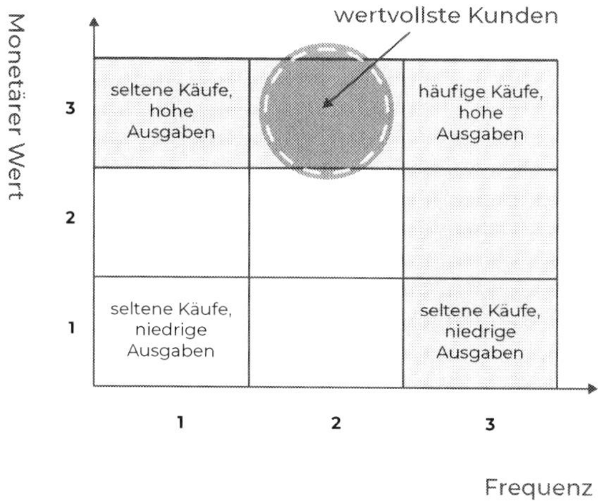

Abb. 14 Zuordnungsbereiche für Frequenz und monetären Wert

Beim Festlegen der Bereiche sollten Ausreißer berücksichtigt und ausgeschlossen werden, da diese die Berechnungen sonst verfälschen könnten. Des Weiteren sollten zeitliche Faktoren wie etwa die Saisonalität bestimmter Produkte oder Produktgruppen in die Bewertung einfließen.

Gewichtung der RFM-Dimensionen

Ein anderer beliebter Ansatz ist die individuelle Gewichtung der drei RFM-Dimensionen (Recency, Frequency und Monetary-Value). Dies ermöglicht es, die Prioritäten des eigenen Unternehmens abzubilden. Bei der Aggregation der Scores erschwert dieser Ansatz allerdings die exakte Identifizierung und Analyse von Bewegungen zwischen RFM-Segmenten.

Können sich Kunden zwischen Segmenten bewegen?

Die aus den Daten gewonnenen Erkenntnisse sind natürlich nicht statisch und Kunden können sich zwischen Scores bewegen. Natürlich ist hier die Aufwertung von Kunden das Ziel der auf bestimmte Segmente abgestimmten CRM-Maßnahmen. Um die Wanderungen von Kunden zwischen Segmenten abzubilden, müssen die entsprechenden Daten sowie das Scoring regelmäßig aktualisiert werden. Traditionell wird diese Aufgabe von Business-Intelligence-Abteilungen übernommen, allerdings können moderne Software-Lösungen diese Prozesse automatisieren, sodass Marketer hier unabhängig von Ressourcen aus den Bereichen IT und Business-Intelligence arbeiten können. Die Optionen in der Technologieauswahl sowie die jeweiligen Vor- und Nachteile werden im Kapitel Technologie erläutert.

Kampagnen auf Basis von RFM-Segmenten

Vorausgesetzt, dass eine passende Technologie im Einsatz ist, lassen sich auf Basis des RFM-Modells und der entsprechenden Segmente unter anderem folgende Kampagnen automatisieren:

- Reaktivierung von Kunden mit der geringsten Aktivitätsrate (Kauffrequenz und monetären Wert erhöhen)
- Generierung zusätzlicher Käufe von unregelmäßigen Kunden mit hohen Warenkörben (Kauffrequenz erhöhen)
- Anbieten komplementärer Produkte mit höherer Marge für regelmäßige Kunden mit geringen Warenkörben (Monetären Wert erhöhen)

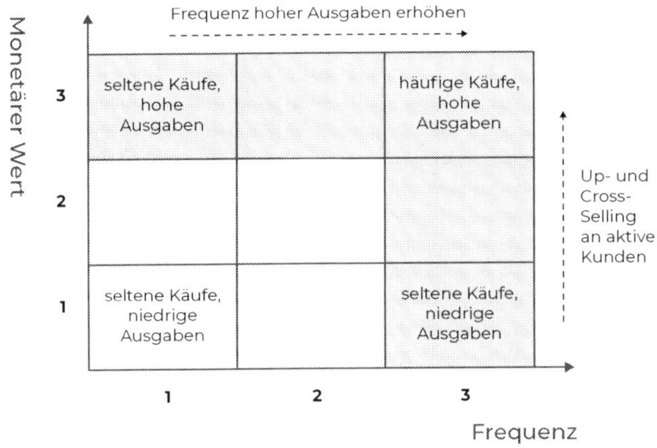

Abb. 15 Kampagnen für gezielte Kundenansprache nach Kaufverhalten

Welche Daten werden für den Aufbau eines RFM-Modells benötigt?

Um ein RFM-Modell erfolgreich zu implementieren, muss sichergestellt werden, dass vergangene Bestellungen mit den entsprechenden Daten zum Warenkorb für jeden einzelnen Kunden erfasst und gespeichert werden. Die Zeitspanne der zu erfassenden Daten variiert je nach Geschäftsbereich stark. Für die meisten Onlinehändler liegt der Bereich in etwa zwischen 90 und 365 Tagen.

Der Customer-Lifetime-Value

Der Customer-Lifetime-Value (CLV) ist eine vorrangig im Marketing verwendete Kernmetrik zur Bewertung und Segmentierung von Kunden. In seiner Grundform beschreibt der CLV den Betrag, den ein Kunde im Laufe seines gesamten Kundenlebenszyklus erwirtschaftet, abdiskontiert zum Betrachtungszeitpunkt.

Gupta (2004) und Lehmann (2003) stellen dabei folgende Formel für die Grundform des Customer-Lifetime-Values auf:

$$CLV = \sum_{t=1}^{n} x \frac{m_t}{(1+d)^t}$$

CLV = Customer-Lifetime-Value

m_t = Gewinn erzielt durch Kunde zum Zeitpunkt t

d = Diskontierungsrate

Diese grundlegende Formel kann in ihrer Komplexität stark um weitere Variablen erweitert werden. Bauer, Hammerschmidt und Braehler stellen 2003 beispielsweise eine Formel für den CLV auf, die unter anderem die Kundenakquisitionskosten, die Wahrscheinlichkeit des Kunden, aktiv zu bleiben, oder das Cross-Selling-Potenzial berücksichtigen. Die große Herausforderung, der Firmen gegenüberstehen, ist hierbei die korrekte Messung aller Variablen. Deshalb kann der CLV in vielen Fällen als Heuristik und Näherungswert verstanden werden.

Der CLV spielt eine große Rolle in der Entwicklung und Erhaltung profitabler Kundenbeziehungen sowie in der Akquise neuer Kunden (Lew, 2017).

Dabei hat die Betrachtung des Customer-Lifetime-Values seit der Jahrtausendwende stark an Bedeutung und praktischer Relevanz gewonnen. Unternehmen hatten lange Zeit Probleme, den ökonomischen Wert ihrer Kunden genau zu messen. King, Dhameeth und Kim (2017) nennen hierfür drei Hauptgründe:

1. Unzureichende Technologie (Datenbanken, Analysesysteme etc.)
2. Unzureichende Buchhaltungssysteme
3. Starke Fokussierung des Managements auf Produkte statt Fokussierung auf Kunden

Durch die massive Veränderung, denen alle drei Bereiche unterworfen sind sowie die verstärkte Wettbewerbsintensität durch kapitalstarke, global agierende Internetkonzerne wie Google, Amazon oder Apple und die dadurch stärkere Bedeutung von CRM, hat der Customer-Lifetime-Value jedoch stark an Relevanz gewonnen.

Keiningham, Aksoy und Bejou (2006) wählen für diese Entwicklung drastische Worte:

> „As a result, it is manifest destiny that asset valuation and management will evolve to the evolution of a company's most primary asset, its customers (i.e., customer lifetime value). Most managers have come to accept this inevitability. What managers fail to realize is just how radically an understanding of customer lifetime value will transform the business landscape. It will dramatically impact the breadth and type of data collected: the way managers view and segment customers; the types of experiences firms offer customers; the metrics executives provide to the financial markets; and the way companies structure and staff their organizations."

In der Praxis findet der Customer-Lifetime-Value vor allem Anwendung in der Segmentierung von Kunden und in der Neukundenakquise (Lew, 2017; Kamakura et al., 2005; Borle, Singh & Jain 2008).

Durch die korrekte Messung des CLV kann Marketingbudget gezielt auf die profitabelsten Kunden allokiert und beispielsweise dazu genutzt werden, diese durch gezielten Cross- oder Up-Selling noch profitabler zu machen. Zusätzlich bringt der CLV auch Vorteile bei der Neukundenakquise. Durch Analyse der bestehenden, profitablen Kunden, beispielsweise aus welchem Kanal diese akquiriert wurden, kann ein stärkerer Fokus auf diese Kanäle gelegt werden. Wichtig zu beachten ist jedoch, dass der Customer-Lifetime-Value sich im Zeitverlauf verändern kann. Hogan, Lemon und Libai (2003) schlagen deshalb vor, den CLV im Laufe des Kundenlebenszyklus regelmäßig neu zu evaluieren.

Eng mit dem Konzept des Customer-Lifetime-Value verknüpft ist der Consumer-Lifetime-Value. Der Customer-Lifetime-Value stellt eine unternehmensinterne Perspektive dar und gibt den Wert eines Kunden für ein bestimmtes Unternehmen an. Im Gegensatz dazu umfasst der Consumer-Lifetime-Value alle Verhaltensweisen eines Verbrauchers über mehrere oder konkurrierende Unternehmen hinweg. Consumer-Lifetime-Value-Modelle, die häufig interne und externe Daten kombinieren, sind im Allgemeinen anwendbar in Branchen, in denen Customer-Lifecycles lang sind, und sich die Bedürfnisse im Laufe der Zeit ändern. Im Idealfall lassen sich Consumer-Lifetime-Value-Modelle mit internen Unternehmensdaten verbinden, um ein besseres Gefühl dafür zu bekommen, welche Verbraucher angesprochen werden sollen (Kamakura et al., 2005).

Eine effektive Verknüpfung aus Customer-Lifetime-Value und Consumer-Lifetime-Value kann Unternehmen einen entscheidenden Wettbewerbsvorteil bringen. So kann es sinnvoll sein, gezielt Kunden mit einem geringen Customer-Lifetime-Value aber hohen Consumer-Lifetime-Value anzusprechen, um deren Potenzial voll auszuschöpfen.

Kampagnenentwicklung

Das Bestandskundenmanagement eines Unternehmens sollte wie erwähnt auf die allgemeine Unternehmensstrategie einzahlen (Hippner, Hubrich & Wilde, 2011). Letztere stellt den allgemeinen, strategischen Fluchtpunkt für CRM- und Marketingmaßnahmen bereit. Bevor konkrete Kampagnen entwickelt werden können, sollte zunächst eruiert werden, welche Interaktionskanäle mit den eigenen Kunden bereits bestehen oder welche unter Umständen hinzugenommen werden sollten, um den spezifischen Charakteristika der Zielgruppe nachzukommen. Während es für einige Unternehmen beispielsweise sinnvoll sein kann, auch altmodische Kanäle wie Fax anzubieten, um einer älteren Zielgruppe gerecht zu werden, ist der Kanal für genuin digitale Unternehmen vermutlich nicht sonderlich gewinnbringend. Umgekehrt sind bei einer älteren Zielgruppe moderne Kanäle wie Messenger vielleicht weniger relevant. Doch unabhängig vom Kanalmix sollte darauf geachtet werden, dass für die Bespielung aller Kanäle auch die erforderlichen Ressourcen bereitstehen und sie aufeinander abgestimmt sind. Andernfalls hat eine höhere Anzahl an Kanälen in der Regel negative Effekte, da Kunden beispielsweise nicht konsistent angesprochen oder Anfragen nicht rechtzeitig beantwortet werden können. Selbst wenn bestimmte Kanäle also als sinnvoll erachtet werden, sollten diese erst hinzugenommen werden, wenn auch die entsprechenden Ressourcen zur Verfügung stehen.

Ist der Kanalmix definiert, kann analysiert werden, welche Customer-Touchpoints (CTPs) sich ableiten lassen, sodass man ein holistisches Bild über die möglichen Interaktionen mit den eigenen Kunden gewinnt. Durch die Definition aller Kanäle und der entsprechenden CTPs erhält man gewissermaßen das Spielfeld, auf dessen Basis Kampagnen entwickelt werden können.

Als Nächstes sollten der Wert verschiedener Kundengruppen sowie die Ziele der Kampagnen definiert werden. Nutzt man beispielsweise eine Kundensegmentierung nach dem RFM-Modell, wird bei bestimmten Segmenten das Ziel sein, das Abwandern wertvoller Kunden zu verhindern oder andere Gruppen in ein profitableres Segment zu überführen. Hier müssen natürlich entsprechende Key-Performance-Indicators (KPIs) definiert werden, die den Wert der Kundenzufriedenheit widerspiegeln. Global ist hier sicherlich die Berechnung des CLVs sinnvoll, jedoch können auch granularer angelegte Kennzahlen oder auch qualitative Erhebungen sinnvoll sein. Grundsätzlich sollte hier auch das Potenzial spezifischer Kundengruppen mitgedacht werden, da es unter Umständen erst zu einem späteren Zeitpunkt entfaltet werden kann. In manchen Fällen wirken Investitionen kurzfristig verlustreich, können sich aber langfristig auszahlen.

Sind die Metriken und Ziele definiert, mit denen man den Erfolg von CRM-Maßnahmen misst, gilt es, die grundlegende Stoßrichtung festzulegen. Grundsätzlich gibt es hier zwei Fluchtpunkte:

1. Kostenreduktion durch günstigere Kanäle und die Standardisierung der Kommunikation
2. Eine intensivere und persönlichere Kommunikation, bei der nicht die Kostenreduktion, sondern der Erhalt oder die Steigerung des Kundenwertes im Vordergrund steht

Abhängig vom Wert der Kundengruppe und den Kundenerwartungen sind beide Vorgehensweisen auch kombinierbar. Unternehmen sollten sich hierbei bewusst machen, dass sich selbst eine geringe Kosten- und Aufwandsteigerung in der Kundenkommunikation in der Regel durch eine überproportional hohe Kundenzufriedenheit und -treue bezahlt macht. Abhängig von Kundengruppen und Geschäftsumfeld kann hier mit niedrigem Aufwand ein deutlicher Wettbewerbsvorteil herausgearbeitet werden.

Der nächste Schritt ist die Unterscheidung zwischen vom Unternehmen initiierten Momenten des Kundenkontakts (Business-initiated-Moments) und denjenigen, die vom Kunden selbst initiiert werden (Customer-initiated-Moments). Diese Differenzierung liefert den konkreten Ausgangspunkt für Kampagnen, die unter Berücksichtigung der oben genannten Aspekte entwickelt werden.

Business-initiated-Moments

Zu den unternehmensseitig initiierten Momenten des Kundenkontakts zählen alle proaktiven Maßnahmen eines Unternehmens, die nicht durch ein bestimmtes Kundenverhalten ausgelöst werden. Sie dienen dazu, die Marke im Bewusstsein des Kunden zu verankern, Vertrauen aufzubauen und damit den Umsatz zu stärken und sich gegen den Wettbewerb durchzusetzen. Klassischerweise zählen im CRM-Bereich Newsletter zum Standardrepertoire, um regelmäßige Kontaktpunkte mit Kunden zu kreieren. Aber auch Onlinebanner, Social-Media-Posts, postalische Mailings und Plakatwerbung können zu einer Erfahrung führen, die beim Kunden in Erinnerung bleibt und vom Unternehmen aktiv gestaltet werden kann.

Bei Business-initiated-Moments liegt die Auswahl des Zeitpunkts, Kanals und Inhalts der Maßnahmen beim Unternehmen. Hier lohnt es sich, durch gezielte Nutzung verfügbarer Daten eine optimale Aussteuerung vorzunehmen, um Kunden weder mit aufdringlichen oder irrelevanten Nachrichten abzuschrecken noch vorhandenes Potenzial durch ausbleibende Kommunikation zu verschenken.

Customer-initiated-Moments

Zu den von Kunden initiierten Momenten zählen alle Kontaktpunkte, die sich auf das aktuelle Kundenverhalten zurückführen lassen. Dies können aktive Support-Anfragen sein, aber auch bestimmtes Verhalten, das unternehmensseitig getrackt wird – wie beispielsweise ein Warenkorbabbruch oder ein Exit-Intent auf der Unternehmenswebsite. Im Gegensatz zu den unternehmensseitig initiierten Kontaktpunkten, ist in diesen Fällen eine zeitlich abgestimmte Reaktion des Unternehmens gefordert. Dies kann ein gewisses Reaktionsintervall nach einem Warenkorbabbruch sein oder auch eine Reaktion in Echtzeit, wenn Nutzer die Website verlassen wollen – etwa durch eine entsprechende Browser-Push-Notification.

Sowohl vom Kunden als auch vom Unternehmen initiierte Momente sind Ausgangspunkte für konkrete Kampagnen und für folgende Kontaktpunkte und entsprechende Interaktionen. Hier sollte bedacht werden, dass entsprechende Kampagnen in einem größeren Kontext eingebettet sind. Dieser sollte sowohl die aktuelle Position des Kunden im Lebenszyklus als auch vorangegangene Trans- und Interaktionen berücksichtigen, um individuellen Kundenwünschen und -erwartungen gerecht zu werden. Jede Stufe des Kundenlebenszyklus hat spezifische Ziele, die auf eine langfristige Kundenbindung und eine Steigerung des CLV einzahlen, aber der aktuellen Phase des Zyklus – von der Anbahnung bis zur Reaktivierung – Rechnung tragen. Für jede Stufe des Kundenlebenszyklus sollten also entsprechende Ziele und Aufgaben definiert werden, um eine phasenspezifische Betreuung zu gewährleisten. Derzeit wird für die konkrete Kampagnenplanung in folgenden Schritten vorgegangen:

1. Zielgruppe definieren
2. Kanalauswahl und -mix definieren
3. Inhalte in entsprechenden Formaten gestalten

Zukünftig werden die drei Komponenten Zielgruppe, Kanal und Content durch technologische Lösungen zunehmend automatisch ausbalanciert und aufeinander abgestimmt. Abbildung 16 veranschaulicht die aktuelle (links) sowie die zukünftige (rechts) Struktur der Kampagnenplanung. Indem Kanäle im Marketing-Mix miteinander verknüpft und jederzeit aufeinander abgestimmt werden, weichen bisherige lineare Strukturen auf. So lassen sich Inhalte flexibel und agil ausspielen und zielgruppenspezifisch anpassen. Automatisierung und ein verbesserter Datenaustausch zwischen den drei Komponenten helfen, die damit einhergehende Komplexität zu bewältigen.

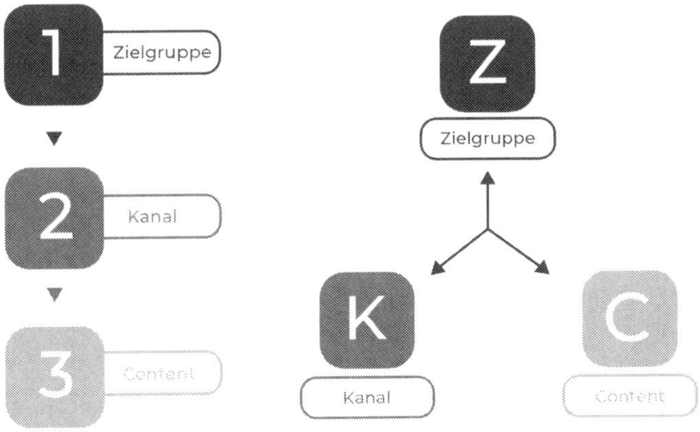

Abb. 16 Aktuelle und zukünftige Struktur der Kampagnenplanung

KANAL

Ist eine Kampagne mit Blick auf die grundsätzliche Zielgruppe und Stoßrichtung definiert, gilt es, die Kanäle zu bestimmen, über die die jeweilige Kampagne ausgesteuert werden soll. Der generelle Kanalmix dient als Grundlage für die regelbasierte Automation kanalübergreifender Customer-Journeys, die gewissermaßen eine weitere Form der Segmentierung darstellen, bei der die Präferenzen individueller Kunden mit Blick auf Kanal, Frequenz und Zeitpunkt berücksichtigt werden. Praktische Beschränkungen ergeben sich hier durch die vorhandenen Identifier, die die Nutzung bestimmter Kanäle erst ermöglichen.

Nutzer-IDs

Es gibt eine Vielzahl an Nutzer-IDs über die Kunden und potenzielle Kunden identifiziert werden können. Dabei ermöglicht jeder Identifier bestimmte Werbemaßnahmen. Auf Basis der bei einem Websitebesuch erstellten Cookies kann beispielsweise on-site personalisiert werden, es können Browser-Notifications ausgespielt werden oder die Cookies können für Real-Time-Advertising/Retargeting Verwendung finden. Melden Kunden sich mit ihrer E-Mail-Adresse für einen Service an, können diese direkt via E-Mail angesprochen werden oder ihre E-Mail-Adressen können für Facebooks Custom Audience oder Googles Customer Match verwendet werden. Darüber hinaus sind Logins sehr wertvoll, da sie das Tracking über verschiedene Endgeräte hinweg vereinfachen. Stehen Telefonnummern der eigenen Kunden zur Verfügung, können diese für das Ausspielen von Werbemitteln via SMS, Messengern wie Whatsapp oder auch für Outbound-Calls genutzt werden.

NUTZER-ID	QUELLE	ANWENDUNGSBEI-SPIEL
Cookie	Website-Besuch	On-Site-Perso-nalisierung
Plattform & Browser	Website-Besuch	Browser-Benach-richtigung
Matched Cookie	RTA DSP mit Coo-kie-Matching	RTA via DSP (z. B. Adform)
E-Mail	Newsletter-Anmel-dung, Konto-Erstel-lung, Formulare	Newsletter, Facebook Custom Audience, Goo-gle Customer Match
Mobilnummer	Kundenkonto	SMS, Whatsapp, Anruf
Facebook-ID	Facebook Connect	Facebook Cus-tom Audience

Tab. 4 Anwendungsbeispiele für die Verwendung verschiedener Nutzungs-IDs

Jede ID und die entsprechenden Möglichkeiten, diese zu nutzen, müssen in einem kanalübergreifenden Ansatz berücksichtigt werden. Um eine wirklich kohärente Customer-Journey zu gewährleisten, müssen die unterschiedlichen IDs nach Möglichkeit zusammengeführt und individuellen Kunden zugeordnet werden. Dies wird auch als „Profile-Stitching" bezeichnet (Jones, 2015). Nur wenn die Aktivität von Kunden über mehrere Kanäle hinweg nachvollziehbar ist, können Werbemaßnahmen kanalübergreifend abgestimmt werden.

Opt-in und Rechtliches

Anmeldeoptionen für einen Service, einen Newsletter oder um Zugang zu sonstigen Ressourcen zu erhalten, bieten viele Vorteile. Melden Kunden sich an, können sie eindeutig identifiziert werden und entsprechend der hinterlegten Kontaktdaten angesprochen werden. Der erteilte Opt-in kann darüber hinaus an einer zentralen Stelle gespeichert und im Idealfall auch vom Kunden selbst verwaltet werden. Durch diese Form des Trackings wird dem Kunden die nötige Kontrolle über die Verwendung und Aktualität seiner Daten eingeräumt, während sich das Unternehmen gleichzeitig auf eine zuverlässige Datenbasis verlassen kann, um seine Kommunikationsmaßnahmen zielgerichtet anzupassen.

Idealerweise sollte bei Anmeldeoptionen gleich die Genehmigung eingeholt werden, dass Kundendaten aus verschiedenen Kanälen und anderen Datenquellen zusammengeführt werden dürfen. So lassen sich die entsprechenden Daten konsolidieren und anreichern.

Generell müssen Kunden darüber informiert werden, was mit ihren Daten geschieht. Transparenz ist hier wichtig, sowohl rechtlich als auch im Hinblick auf die Kundenzufriedenheit. Wer hier vorsorgt, erspart sich potenzielle Probleme. Nicht zuletzt vor dem Hintergrund der neuen europäischen Datenschutz-Grundverordnung (DSGVO) sollten datenschutzrechtliche Belange nicht auf die leichte Schulter genommen werden, denn entsprechende Sanktionen können hoch ausfallen.

Kundenwert, Kanalkosten und Kanalpräferenz

Für die effiziente Nutzung mehrerer Kanäle muss man in der Lage sein, den Wert individueller Kunden gegen die entsprechenden Kanalkosten und individuelle Kanalpräferenzen abzuwägen. Bei Kunden mit einem hohen CLV können teurere Kanäle sinnvoll sein als bei anderen Kunden. Jedoch müssen auch weitere Faktoren wie die Kanalpräferenz des jeweiligen Kunden berücksichtigt werden. Reagiert ein High-Value-Customer auf kostenintensivere Kanäle ebenso wenig oder gar schlechter als auf kostengünstige Maßnahmen, ist es auch nicht sinnvoll, hier mehr Budget zuzuweisen. Ein hoher CLV allein rechtfertigt also noch keinen teureren Kanal. CLV, Kanalkosten und die jeweiligen Kanalpräferenzen eines Kunden müssen gegeneinander abgewogen werden. Während die Kanalkosten am einfachsten zu bestimmen sind, sind die Berechnung des CLV sowie die Ermittlung von Kanalpräferenzen schon deutlich anspruchsvoller. Die Kanalpräferenz eines Kunden ist sowohl von der persönlichen Präferenz, als auch von der Relevanz der Botschaft abhängig. Die Relevanz wiederum bemisst sich neben den Inhalten einer Botschaft in vielen Fällen auch an ihrer Unmittelbarkeit, Zugänglichkeit sowie der Frequenz in der Kunden bespielt werden. Einer der naheliegendsten Faktoren ist die Initiierung einer Interaktion: Wenn Kunden mit einem Unternehmen über einen Kanal interagieren, sollte nach Möglichkeit auch dieser Kanal für die Reaktion genutzt werden. Abbildung 17 veranschaulicht, welche Dimensionen bei der Ermittlung der Kanalpräferenz bedacht werden sollten.

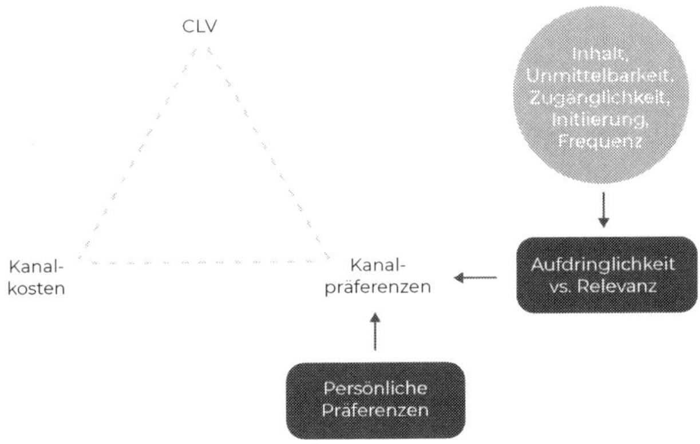

Abb. 17 Framework zur Allokation von Kommunikationskanälen für die Kundenansprache

Grundsätzlich bieten sich zwei kombinierbare Möglichkeiten, die Kanalpräferenzen eines Kunden zu ermitteln: Kunden können nach ihren Präferenzen gefragt werden oder es kann auf Analytics-Daten zurückgegriffen werden. In letzterem Fall stellt sich allerdings die Frage, wie die Kanalpräferenz eigentlich zu definieren ist und welche Indikatoren in die Bewertung einfließen sollten. Ist die Öffnungsrate entscheidend? Die Klickrate? Oder eine Mischung aus verschiedenen Indikatoren? Und welche Werte werden als signifikant angesehen? Darüber hinaus müssen die kanalspezifischen Indikatoren und Werte in eine vergleichbare Metrik gebracht werden. Dies ist besonders mit Blick auf die inhaltliche Ebene und die Einschätzung der Relevanz von Belang.

Aufdringlichkeit und Frequenz

Zusätzlich zu den Kanalpräferenzen eines Kunden sollte auch die Aufdringlichkeit des jeweiligen Kanals berücksichtigt werden. In diesem Zusammenhang ist zu beachten, dass die empfundene Aufdringlichkeit eines Kanals gegen die Nützlichkeit der Werbebotschaft abgewägt wird beziehungsweise beide Faktoren ausbalanciert sind. Je nützlicher eine Nachricht, desto aufdringlicher darf die Werbemaßnahme sein. Zahlen belegen, dass hier im Allgemeinen noch Nachholbedarf besteht. So empfinden beispielsweise 52 Prozent der App-Nutzer Push-Notifications als nervig und mit 46 Prozent nur knapp die Hälfte als nützlich. Aber selbst bei aller Nützlichkeit gibt es besonders im Hinblick auf die Frequenz gewisse Obergrenzen (O'Connell, 2016). 32 Prozent der App-Nutzer deinstallieren eine App, wenn sie zwischen sechs und zehn Push-Notifications pro Woche erhalten und 46 Prozent blockieren Push-Notifications bei einer Anzahl von zwei bis fünf Nachrichten pro Woche.

Ein entscheidender Faktor, der durchaus mit der Nützlichkeit einer Werbebotschaft korreliert, ist die Personalisierung der Ansprache sowie Inhalte für den einzelnen

Kunden beziehungsweise bestimmte Kundengruppen (The Economist Intelligence Unit, 2016). Hier ist zu beachten, dass eine zunehmende Personalisierung auch mit mehr Aufwand und Kosten verbunden ist. Denn einerseits müssen entsprechend kleinteilige Kundensegmente und andererseits passende Inhalte erstellt werden. Unternehmen müssen dabei für sich herausfinden, wie granular die Personalisierung umgesetzt werden sollte, um noch lohnenswert zu sein. Im Allgemeinen hat Personalisierung jedoch einen signifikanten Einfluss auf die Conversion-Rate (Phillips-Wren & Wygant, 2010). Bei E-Mail-Kampagnen etwa kann eine gezielte Personalisierung zu Conversion-Steigerungen von bis zu 200 Prozent führen (Gabler, 2011).

Je aufdringlicher der Kanal, desto nützlicher und persönlicher sollte die Werbebotschaft sein und desto geringer die Frequenz, die auch generell gedeckelt werden sollte (Venkatesan & Kumar, 2004).

KANAL	ANWENDUNGS-FÄLLE	KOSTEN PRO EINHEIT	OPT-IN	ID	AUF-DRING-LICH-KEIT
E-Mail	Newsletter, Kommunikation von Sonderangeboten	Sehr gering	Ja	E-Mail	Mittel
SMS	Terminerinnerungen, Benachrichtigungen über Events/ Bestellungen	Sehr gering	Ja	Mobil-nummer	Hoch
Mobile Push	Up-/Cross-Selling → Micro-Moments, Reaktivierung	Sehr gering	Ja	Device Token	Mittel
Web Push	Retargeting, Erinnerungen, Kurzfristige Angebote	Sehr gering	Ja	Cookie	Gering
Post	Retention, Neukundenakquise	Mittel	Nein	Adresse	Hoch
Telefon	Intensive Beratung, Marktforschung	Hoch	Ja	Telefon-nummer	Hoch
Social Media	Retargeting, Neukundenakquise, Native Advertising	Gering, kann aber variieren	Ja	E-Mail, ggf. Cookie	Sehr Gering
Whats-app	Newsletter, 1:1-Kommunikation	Gering	Ja	Mobil-nummer	Mittel

Tab. 5 Übersicht von Kommunikationskanälen sowie deren Spezifika

INHALTE UND PERSONALISIERUNG

Die Personalisierung beginnt bereits mit der Segmentierung, da sich die durch letztere gewonnene Differenzierung in den Verkaufsprozess und die Kundenansprache fortsetzt. Es gibt gewissermaßen eine für den Kunden nicht sichtbare Personalisierung durch Automationen, die Kanalauswahl und -mix sowie Frequenz und Zeitpunkt der Kundenansprache definieren. Doch auch im Bereich der für den Kunden sichtbaren Inhalte bedeutet Personalisierung mehr als lediglich eine persönliche Ansprache. Grundsätzlich kann heutzutage zwischen zwei Herangehensweise an die inhaltliche Personalisierung unterschieden werden: Die automatische oder die manuelle Kuration und Generierung von Inhalten.

Automatisch generierte Inhalte

Bei technologisch gestützten Herangehensweisen lässt sich zwischen einer automatisierten Kuration und der Generierung von Inhalten unterscheiden. Durch Lösungen zur automatischen Empfehlung von Produkten oder medialen Inhalten – auch Recommendation-Engines genannt – kann aus Daten-Feeds eine personalisierte Auswahl getroffen werden, die dem Profil des jeweiligen Kunden entspricht und beispielsweise Interessen oder das Konsumverhalten berücksichtigt. Dieser Ansatz hat bereits zunehmend Verbreitung gefunden und eignet sich beispielsweise hervorragend für eine personalisierte Produktauswahl auf der Unternehmenswebsite oder in Newslettern. Entscheiden sich Unternehmen für die Nutzung einer Recommendation-Engine, sollten sie sicherstellen, dass eine silo-artige Personalisierung vermieden wird. Damit ist gemeint, dass die Empfehlungen kanalübergreifend konsistent genutzt werden sollten, um eine abgestimmte Personalisierung zu gewährleisten. Darüber hinaus muss die Kundenhistorie mitgedacht werden. So sind Produktempfehlungen für bereits erworbene Produkte meist wenig sinnvoll. Ähnliches gilt auch für Gutscheine, die automatisch generiert und versendet werden. Hat ein Kunde beispielsweise gerade eine Bestellung aufgegeben, sollte der Versand eines Gutscheins eher vermieden werden.

Neben der automatisierten Kuration von Inhalten, ist ein weiterer Trend die maschinelle Generierung von Inhalten in Textform. Bei den sogenannten Roboter-Texten sollten Unternehmen abwägen, ob der Einsatz entsprechender Technologien wirklich sinnvoll ist und auf die wirtschaftlichen Ziele einzahlt. Automatisch generierte Texte können beispielsweise im E-Commerce-Bereich sinnvoll genutzt werden, wenn Onlinehändler eine großes Produktsortiment vermarkten und die Texte lediglich Produktbeschreibungen in einer Datenbank darstellen. Ein weiterer Bereich, in dem entsprechende Technologien Mehrwert stiften, sind bestimmte Bereiche der medialen Berichterstattung: Vor allem in ihrer Relevanz regional und zeitlich begrenzte Inhalte – wie der Live-Berichterstattung bei Sportveranstaltungen, aber auch beim Immobilien- und Finanzjournalismus – können von Algorithmen schneller und sachlich korrekt generiert werden. Ein interessantes Beispiel ist auch die automatisierte Erstellung von Erdbebenwarnungen, wie sie die LA Times mit ihrem Quakebot anbietet. In den genannten Bereichen sind Technologien deutlich schneller als der Mensch und sie erfüllen den Zweck einer sachlichen, informativen Berichterstattung. Dies bedeutet jedoch nicht, dass Journalisten um ihren Berufsstand fürchten müssen. Im Gegenteil: Zum einen fallen lästige und kleinteilige Arbeiten weg und andererseits können die Inhalte nahezu in Echtzeit generiert werden. Dadurch können Publisher mehr Inhalte anbieten und Journalisten sich auf ausführlichere Recherchen und Beiträge konzentrieren, die ein gewisses Maß an Storytelling und Kreativität erfordern, das derzeit maschinell nicht substituiert werden kann. Ähnliches gilt für Unternehmen, die Produkte oder Dienstleistungen anbieten: Während generische Produktbeschreibungen oder Ähnliches automatisch generiert werden können, sollten andere Inhalte, die auf Storytelling und Kreativität angewiesen sind, manuell erstellt werden, um einem menschlichen Anspruch gerecht zu werden.

Kreative Inhalte

Inhalte sollten manuell erstellt werden, wenn der Fokus auf Kreativität, Storytelling, Markenaufbau und einer Emotionalisierung der Kunden liegt. Dies gilt für Texte ebenso wie für auditive oder visuelle Inhalte. Denn in den Bereichen Bild und Ton gibt es derzeit noch keine Algorithmen, die ähnlich sinnvoll eingesetzt werden können wie Roboter-Texte. Vor dem Hintergrund einer gewissen Demokratisierung und Vereinfachung in der Erstellung und Verbreitung medialer Inhalte im Allgemeinen, gewinnt die Qualität kreativer Inhalte und des Storytellings, in das sie idealerweise eingebettet sind, zunehmend an Bedeutung und wird zu einem wichtigen Differenzierungsfaktor. Da sich die Erstellung kreativer Inhalte nur durch mehr Ressourcen skalieren lässt, ist es wichtig, die zur Verfügung stehenden Ressourcen bei der Segmentierung und Kampagnenplanung zu berücksichtigen und die Inhalte so zu planen, dass sie möglichst gut und einfach für verschiedene Kanäle und Formate genutzt werden können. Im Kontext einer kanalübergreifenden Kommunikation mit Kunden sollte die Erstellung von Inhalten zentralisiert sein und im Wesentlichen folgende Punkte abdecken:

- Erstellung von Inhalten und Storytelling in enger Zusammenarbeit mit der an der Kampagnenplanung beteiligten Teams
- Gewährleistung der Konsistenz von Inhalten über alle Kanäle und Formate
- Berücksichtigung der jeweiligen Spezifikationen für die Inhalte mit Blick auf Formate und Best-Practices, die in Zusammenarbeit mit den Abteilungen für den jeweiligen CRM- oder Marketing-Kanal sowie der PR-Abteilung definiert werden

Eine zentralisierte Kreativabteilung hilft dabei, isolierte Arbeitsweisen in der Erstellung von Inhalten zu vermeiden und so ein einheitliches Markenbild in jeder Form des Außenauftritts eines Unternehmens zu gewährleisten – sei es der öffentliche Auftritt, der Kontakt zu Bestandskunden oder auch die Kommunikation mit potenziellen Kunden. Werden Wortwahl, Geschichten, Informationen, Bilder und Videos konsistent über alle Kanäle genutzt und entsprechende Richtlinien aufgesetzt, fördert dies die fokussierte Markendefinition und erleichtert der Außenwelt den Zugang zum Unternehmen und den jeweiligen Produkten, da weniger Unstimmigkeiten entstehen und so potenzielle Verwirrungen oder Missverständnisse vermieden werden können.

Um zu beurteilen, bis zu welchem Detailgrad kreative Inhalte auf bestimmte Zielgruppen zugeschnitten werden sollten, muss der Wert der Zielgruppe beziehungsweise der erhoffte Wert der Kampagne gegen die Kosten abgewogen werden, die bei der Erstellung der Inhalte entstehen. In einigen Fällen können Inhalte auch in Modulen erstellt werden, die dann eine gewisse Personalisierung durch die möglichen Kombinationen ermöglichen, ohne dabei gänzlich neue Inhalte zu produzieren.

BEISPIELKAMPAGNEN

Beispielkampagne 1: Warenkorbabbrecher

Warenkorbabbrecher-Kampagnen gehören mittlerweile zum modernen Standardrepertoire im E-Commerce-Bereich. Hat ein Kunde zwar Produkte in den Warenkorb gelegt, die Transaktion jedoch nicht abgeschlossen, kann diese Information genutzt werden, um nach einem gewissen Zeitintervall eine Erinnerung auszusenden. So können Kunden beispielsweise mit einer E-Mail eine Stunde nach dem Abbruch daran erinnert werden, welche Produkte sie bereits in den Warenkorb gelegt haben und ob sie diese nicht doch erwerben möchte. Hier können durchaus auch weitere Kaufanreize – wie spezifische Vergünstigungen für den aktuellen Warenkorb – geschaffen werden, um die Wahrscheinlichkeit der Transaktion zu erhöhen. Insbesondere bei hochpreisigen oder erklärungsbedürftigen Produkten kann auch ein persönliches Beratungsangebot mögliche Unsicherheiten beseitigen und zum gewünschten Kundenverhalten führen.

Beispielkampagne 2: Größenberater

Auf Basis der aus dem Warenkorb eines Kunden abzuleitenden Daten können auch raffiniertere Kampagnen entwickelt werden. Ein klassisches Beispiel aus dem Modebereich, das sich aber abgewandelt auch auf andere Bereiche übertragen lässt, wäre folgendes: Ein Kunde legt ein Produkt in zwei verschiedenen Größen in den Warenkorb. Hier ist schon vor dem Kauf klar, dass eines der beiden Produkte zurückgesendet wird, da augenscheinlich die passende Größe nicht eingeschätzt werden kann. In diesem vom Kunden initiierten Moment bietet sich für den Onlinehändler die Möglichkeit, beispielsweise via Browser-Push-Notification proaktiv einzugreifen und auf einen Größenberater oder andere Support-Möglichkeiten hinzuweisen. Dadurch wird einerseits ein positives Kauferlebnis geschaffen, da individuelle Kundenbedürfnisse erkannt werden, andererseits wird ein möglicher negativer Moment vorgebeugt, da die Retour der Ware wegfällt und der Kunde Zeit und Aufwand einspart.

Beispielkampagne 3: Transaktionsbenachrichtigung

Ein einfacher und in allen transaktionalen Geschäftsmodellen relevanter Fall sind Transaktionsbenachrichtigungen. Um zu garantieren, dass der vom Kunden bevorzugte Kanal verwendet wird und um Redundanzen in Form von mehreren Bestätigungen über verschiedene Kanäle zu vermeiden, kann regelbasiert festgelegt werden, über welchen Kanal die Benachrichtigung versendet werden soll. Nutzt ein Unternehmen beispielsweise neben dem E-Mail-Kanal auch eine eigene App mit Push-Funktionalität, so kann in den Kundendaten gefiltert werden, ob ein Kunde die App installiert hat. Ist dies der Fall, wird die Transaktionsbenachrichtigung als Push-Benachrichtigung in der App versendet. Hat ein Kunde die App nicht installiert, wird eine E-Mail versendet. Natürlich wird hier angenommen, dass App-Nutzer eine Push-Benachrichtigung präferieren. Es könnte also auch abgefragt, über welchen Kanal der Kunde die Bestätigung erhalten möchte oder es kann auf Daten über die vorherigen Öffnungsraten im jeweiligen Kanal zurückgegriffen werden, um die Kanalpräferenz zu bestimmen. Durch die Berücksichtigung der genutzten Kanäle im Regelwerk der Kampagne wird vermieden, dass die Benachrichtigung mehrmals über verschiedene Kanäle versendet wird.

Beispielkampagne 4: Kampagnenstopp bei Beschwerde

Eine universelle und einfache Maßnahme, ist ein allgemeiner Kampagnenstopp, sobald vom Kunden eine Beschwerde eingeht. Lässt der Kanal eine eindeutige Identifikation der Kundenanfrage als Beschwerde zu – beispielsweise durch ein entsprechendes Formular auf der Website, eine entsprechende E-Mail-Adresse oder eine Beschwerdehotline – so sollte der Kunde von allen laufenden Kampagnen ausgeschlossen werden. Denn wenn gerade ein Problem vorliegt, sind die wenigsten Kunden an weiteren Angeboten interessiert beziehungsweise empfinden diese eher als aufdringlich und unpassend. Der Versand weiterer Nachrichten sollte auf allen Kanälen ausgesetzt werden, bis das Problem gelöst ist. Anschließend kann beispielsweise mit einer Entschädigungskampagne fortgefahren werden, bevor der reguläre Kampagnenablauf wieder aktiviert wird.

Beispielkampagne 5: Intelligente Produktempfehlung

Um die Spielräume einer komplexeren Kampagnenführung zu skizzieren, nehmen wir für das nächste Beispiel an, dass ein Unternehmen ein bestimmtes Aktionsangebot bewerben möchte, das aber nicht für alle Kunden relevant ist. Um zu bestimmen, an welche Kunden die entsprechende Kampagne ausgesteuert werden soll, muss zunächst definiert werden, wie die Relevanz des Angebots (Relevanz-Score) zu definieren ist. Zu den Kriterien können neben soziodemografischen Daten vor allem auch Daten aus der Kundenhistorie zählen, die darüber Auskunft geben, für welche Kategorien und Produkte sich ein Kunde interessiert und in welchen Preissegmenten er sich bewegt. Doch auch Ausschlusskriterien sollten hier mitgedacht werden. Haben Kunden das beworbene Produkt bereits gekauft und es ist nicht anzunehmen, dass es bereits erneut benötigt wird, sollten die Kunden von der Kampagne ausgeschlossen werden. Anschließend erfolgt ein Abgleich des Kriterienkatalogs mit den vorhandenen Kundendaten. Fallen die Kunden ins Raster, kann wiederum granularer segmentiert werden. So können umsatzstarke Kunden beispielsweise über einen teureren Kanal wie Direct Mail angesprochen werden, während relevante, aber weniger umsatzstarke Kunden eine personalisierte Website mit dem Produktangebot erhalten, da die On-Site-Personalisierung deutlich günstiger ist als der postalische Briefversand.

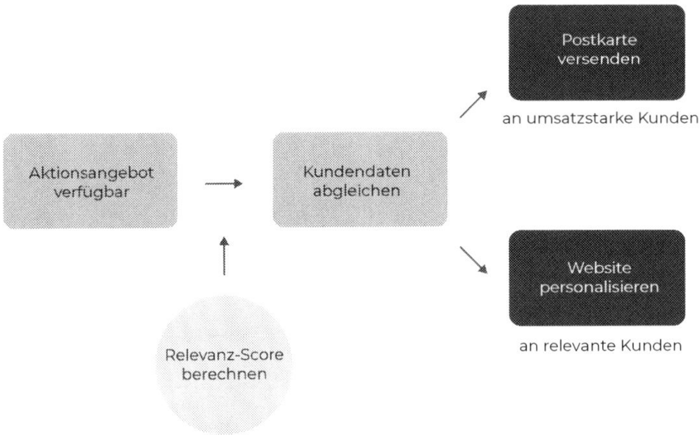

Abb. 18 Kunden über Aktionsangebot informieren

Nun entscheidet die Reaktion des Kunden über den weiteren Verlauf der Kampagne. Wird das Angebot wahrgenommen und es findet eine Transaktion statt, so erhält der Kunde eine Bestellbestätigung via E-Mail. Geht keine Bestellung ein, kann beispielsweise eine Erinnerung via SMS versandt werden. Reagiert der Kunde auch hierauf nicht, könnte noch ein letzter Versuch durch einen Telefonanruf unternommen werden. Dabei sollten natürlich die Kanalpräferenzen einzelner Kunden und die damit verbundenen Kosten für das Unternehmen berücksichtigt werden.

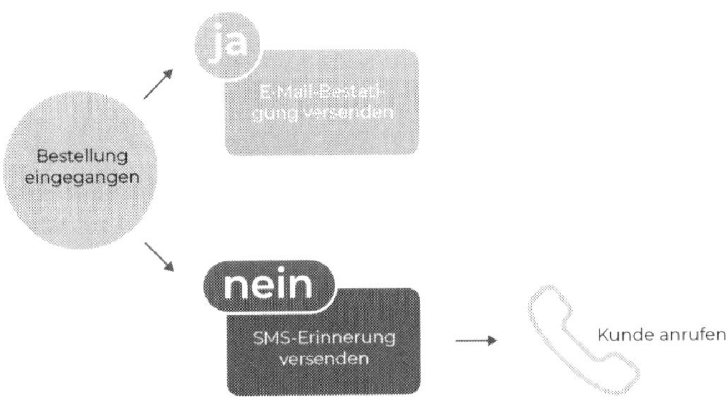

Abb. 19 Follow-up abhängig von Kundenreaktion automatisieren

Beispielkampagne 6: ROI-Steigerung durch Kanalmix

Während die Determinanten und Effekte bei bestimmten Kampagnen verhältnismäßig klar zu bestimmen sind, lassen sich andere Effekte nur durch dedizierte Tests ermitteln. Dies gilt besonders dann, wenn das kombinatorische Zusammenspiel verschiedener Kanäle ermittelt werden soll. Als Beispiel für einen derartigen Fall soll im Folgenden ein Kampagnen-Experiment der weltweit führenden Meal-Kit-Company Hellofresh dienen. Das Unternehmen war kurz davor, Direct Mail als CRM-Kanal abzuschaffen, da er nicht kosteneffizient genutzt werden konnte. Mit einigen Testkampagnen sollte ermittelt werden, ob der Kanal durch die Kombination mit dem kostengünstigeren E-Mail-Kanal gewinnbringend eingesetzt werden kann. Getestet wurden drei Szenarien, wobei immer eine Postkarte mit einem Gutschein versendet wurde. Im ersten Szenario ging der postalischen Sendung eine E-Mail mit selbigem Gutschein voraus und die Postkarte wurde nur versendet, wenn die E-Mail nicht zur Transaktion führte. Im zweiten Szenario ging der postalischen Sendung eine E-Mail voraus, die lediglich auf die nachfolgende Postkarte hinwies, ohne einen Gutschein zu enthalten. Im dritten und letzten Szenario wurde lediglich die Postkarte verschickt. Im Vergleich wies das zweite Szenario eine doppelt so hohe Conversion-Rate und einen mehr als doppelt so hohen ROI auf als die anderen Szenarien. Durch einen einfachen E-Mail-Teaser konnte Hellofresh den Direct-Mail-Kanal von einem verlustreichen in einen sehr gewinnbringenden Kanal verwandeln.

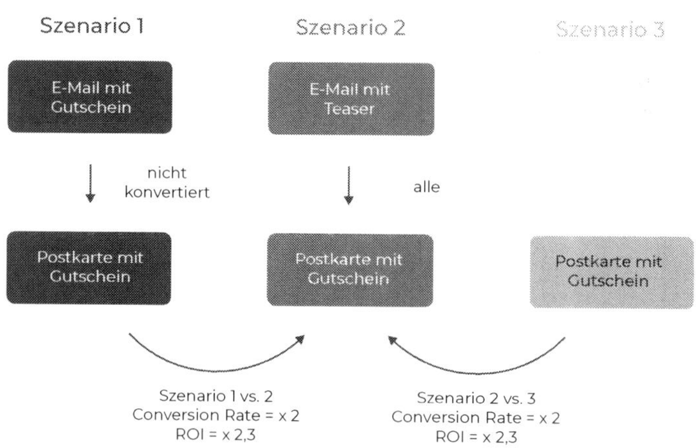

Abb. 20 Vergleich von Conversion-Rate und ROI in verschiedenen Test-Szenarien bei Hellofresh

Beispielkampagne 7: Up-Selling in Echtzeit

Als letztes Beispiel dient uns eine Up-Selling-Kampagne der DB Vertrieb GmbH, dem Vertrieb der Deutschen Bahn. Die DB Vertrieb nutzt App-Push-Benachrichtigungen, um Kunden, die in der zweiten Klasse reisen, ein rabattiertes Upgrade auf die erste Klasse anzubieten, wenn die Wagen der zweiten Klasse überfüllt sind – worüber entsprechende Buchungsdaten Auskunft geben. Hier wird die Disposition der Reisenden erkannt und in Echtzeit auf die besonderen Umstände und Bedürfnisse reagiert. Aufgrund des überfüllten Waggons und des reduzierten Preises wird die Relevanz des Angebots und damit die Wahrscheinlichkeit des Up-Sellings deutlich erhöht.

KAMPAGNEN HOLISTISCH PLANEN

Interview mit Alexander Seiler, Hellofresh

Wenn Unternehmen im Hinblick auf Strategie, Organisation und Technologie hinreichend gut aufgestellt sind, wie können sie konkret passende Kampagnenideen entwickeln?

Wenn die Strategie und technische Infrastruktur eines Unternehmens gut aufgestellt sind, ist es wichtig, die Kampagnenplanung von Beginn an cross-funktional durchzuführen. Brand-, CRM- und Performance-Marketing-Teams müssen von vorneherein involviert sein. Diese Abteilungen spielen Kampagnenideen interdisziplinär durch: So kommt jedes Team schnell zu den ersten Learnings, auf denen sich aufbauen lässt und die mit allen geteilt werden. Die tatsächliche Kampagne wird dann hauptsächlich durch das Brand-Team angetrieben. Basierend darauf werden 360-Grad-Kampagnen entwickelt, die über TV, SEM, CRM oder andere Kanäle ausgespielt werden. Die technische Basis sowie die Koordination sind auch im weiteren Verlauf maßgeblich für den Erfolg.

Welche Rolle spielt die Kundensegmentierung?

Kundensegmentierung ist erst einmal kampagnenunabhängig. Jeder Kunde ist anders und jeder Kunde hat auch einen anderen Wert. Entsprechend der Wertigkeit von Kunden lässt sich auch die Kampagnenstrategie aufbauen. High-Value-Kunden sollten über hochwertige/teurere Kanäle angesprochen werden, wie Telesales oder Print. Kunden mit einem geringeren CLV hingegen sollten über günstigere Kanäle wie E-Mail und Push angesprochen werden. Für eine gute Kundensegmentierung spielt die technische Komponente ebenfalls eine entscheidende Rolle. Es müssen genügend Daten vorhanden sein, um ein entsprechendes Segmentierungs- oder RFM-Modell erstellen zu können, den CLV berechnen zu können und entsprechend der Segmentierung die Kunden über die richtigen Kanäle ansprechen zu können. Die richtige Kundensegmentierung spielt für das CRM eine entscheidende Rolle, ist aber auch für das Performance-Marketing von hoher Bedeutung.

Worauf sollte bei der Umsetzung der Kampagnen geachtet werden?

Zuallererst muss das Ziel der Kampagne klar definiert sein. Soll die Kampagne den NPS steigern, den CLV erhöhen, das Engagement steigern oder die Kunden-Loyalität fördern? Diese klare Festlegung ist gleich zu Anfang von zentraler Bedeutung – eine Reaktivierungskampagne unterscheidet sich komplett von einer Aktivierungskampagne. Dahinter müssen natürlich die richtigen KPIs angesetzt werden, die zum Kampagnenziel passen. Bei einer Reaktivierungskampagne ist beispielsweise die Öffnungsrate von höherer Bedeutung als bei anderen Kampagnen.

Welche Rolle spielen datengetriebene Aspekte sowohl bei der initialen Ideenfindung als auch beim Testen und Optimieren?

Kreative und datengetriebene Aspekte sind beide sehr wichtig, letztendlich ist dies die gleiche Diskussion: Brand- versus Performance-Marketing. Eine reine Schwarz-Weiß-Betrachtung wäre hier zu kurz gedacht, beides muss gut ausgeführt werden. Die Maschine ist immer besser als der Mensch, der Mensch ist jedoch die Person, die das Kauferlebnis gestaltet. Beispielsweise kann eine E-Mail-Kampagne kreativ hervorragend gestaltet sein, wird allerdings die Segmentierung nicht korrekt ausgeführt und demnach die falschen Personas angesprochen, hat die Kampagne unter Umständen sogar einen negativen ROI. Grundsatz hier: Daten first, Kreativität second. Wenn die richtige Segmentierung erstellt wurde, können die Kunden, die sich tatsächlich für meine Produkte interessieren, gezielt angesprochen werden. Werden diese Kunden dann mit sehr gutem Content angesprochen, erzielt die Kampagne ihren höchsten Erfolg. Bei der Wahl zwischen exzellenten Daten / exzellenter Segmentierung, aber schlechtem Content gegenüber hervorragendem Content, aber keiner Segmentierung, liegt ersteres vorne.

Welche Rolle spielt Storytelling? Welche Rolle spielen kreative Aspekte und die Erstellung von Inhalten?

Dies ist ein tendenziell auch eher kontrovers diskutiertes Thema mit vielen verschiedenen Ansichten. Storytelling hat einen Impact, dieser ist aber eher gering. Content-Marketing ist ein Treiber am Anfang und kann gut im Upper-Funnel genutzt werden, nach ein bis zwei Wochen verliert der Content für den Nutzer allerdings an Relevanz und das Produkt steht im Vordergrund. Ich kenne keine Firma, die mit reinem Content-Marketing aus CRM-Sicht erfolgreich ist. Der Erfolgstreiber ist immer eine Kombination aus Content, Angebot, Segmentierung und dem entsprechenden Next-Best-Activity-Verhalten des Kunden. Konkret wird eine datengestützte Kombination aus gutem Storytelling, gezieltem Discounting und Next-Best-Activity für den Kunden immer besser performen als reines Storytelling.

Welche Punkte machen im Allgemeinen ein gutes CRM aus und welche Voraussetzungen sollten Unternehmen dafür schaffen?

Klassischerweise gibt es hier drei Schwerpunkte, die jedes Unternehmen zuerst optimieren sollte. Die Organisation/Unternehmensstruktur, Tech-Infrastruktur sowie die Strategie. Wenn diese drei Bereiche stehen, dann kommt der kreative Teil und die Optimierung. In Zahlen ausgedrückt, sollten in etwa 80 Prozent der Ressourcen auf Organisation, Tech und Strategie allokiert werden. Davon 20 Prozent auf

Organisation, 30 Prozent auf die Strategie und 30 Prozent auf Tech. Die restlichen 20 Prozent sollten dafür verwendet werden, wie die entsprechenden Segmente mit gutem Content über verschiedene Kanäle angesprochen werden können. In diesem Bereich gibt es ebenfalls keine Schwarz-Weiß-Betrachtung, sondern viele Grautöne. Fehlt ein Teilbereich, funktionieren die anderen ebenfalls nicht.

Hellofresh ist das weltweit führende Meal-Kit-Unternehmen. Inwiefern ist kanalübergreifendes CRM und Marketing für Abo-Modelle besonders relevant?

Hier gibt es eine ganz klare Antwort, CRM ist für Abo-Modelle besonders relevant. Der Vorteil bei einem Abo-Modell ist, dass man, sobald ein Kunde einmal akquiriert ist, über Wochen, Monate oder Jahre mit ihm arbeiten kann. Dadurch entsteht eine vollkommen andere Kundenbeziehung als es klassischerweise im E-Commerce der Fall ist. Als Beispiel kann man hier Stromanbieter nennen. Stromanbieter können sich zwölf Monate mit ihren Kunden beschäftigen, bevor sie kündigen können. Im E-Commerce ist ein anderes Herangehen erforderlich. Hier ist die primäre Fragestellung, wie aus Käufern Wiederkäufer gemacht werden können. Bei Abo-Modellen hingegen kann man relativ lange und komplexe Lebenszyklen abdecken. Der Hauptaspekt bei Abo-Modellen sind Bestandskunden. Vorrangig gibt es hier zwei Ziele, die Kundenaktivierung und im Anschluss die Kundenbindung zu stärken. Das Zusammenspiel von Engagement, Retention und Win-Back als Ganzes ist entscheidend für den Erfolg.

DER CUSTOMER-LIFECYCLE

Der Produktlebenszyklus ist ein deskriptives Modell, das die Entwicklung der Produkte in ihren Märkten in vier stilisierte Stufen einteilt: Einführung, Wachstum, Reife und Rückgang (Moon, 2005; Rink & Swan, 1979).

Die Berührungspunkte mit den Kunden in jeder Phase haben tendenziell Auswirkungen auf den Zeitraum, den Kunden dem Unternehmen treu bleiben (Freeze & Kulkarni, 2007). Daher ist in jeder der vier Phasen eine passende Kommunikation erforderlich. Die Betrachtung anhand des Customer-Lifecycles ist für das Marketing von großer Bedeutung, da sie die Aktivitäten der Kunden verfolgt und mit geeigneten Marketingmaßnahmen in den einzelnen Phasen verknüpft. Dies garantiert, dass das Unternehmen in jeder Phase Wert auf die Maximierung der Kundenlebensdauer legt, was insgesamt den Cashflow erhöht (Hansotia, 2002). Der Prozess wird als Customer-Lifecycle-Management (CLCM) bezeichnet. Unternehmen steuern gezielt CLC-Aktivitäten zur Verbesserung der CRM-Performance durch Strategien auf Kundenebene und effektive Kundensegmentierung (Hansotia, 2002).

Je nach Modell und Branchenspezifizierung können die einzelnen Phasen weiter unterteilt, weitere hinzugefügt oder entfernt werden. Für jede einzelne dieser Phasen sollten verschiedene Strategien angewendet werden. Daraus ergeben sich diverse Anforderungen und Herausforderungen, denen Unternehmen gegenüberstehen.

Kamakura et al. (2005) definieren in ihrer Abhandlung: „Choice Models and Customer Relationship Management" drei Phasen, an denen CRM-Literatur analysiert und Unternehmen einen besonderen Fokus setzen sollen.

1. Kundenakquise
2. Kundenentwicklung
3. Kundenerhaltung

Kundenakquise

Das Ziel der Kundenakquise ist es, neue Kunden für das Unternehmen zu generieren. Im Allgemeinen sind Kunden dabei profitabel, wenn der über den gesamten Lebenszeitraum generierte Wert eines Kunden die Akquisitionskosten übersteigt (Blattberg et al., 2001). Für die Kundenakquise werden dabei eine Vielzahl von Kanälen genutzt, wie beispielsweise TV-Werbung, Radiowerbung, postalische Zusendungen, E-Mails und weitere. Je nach Branche und Ausrichtung des Unternehmens können dabei unterschiedliche Kanäle zu verschiedenen Zeitpunkten sinnvoll sein. Ebenfalls können klassische Modelle der Verhaltenspsychologie (Bedarfskreierung gefolgt von Informationssuche, Kauf und Folgekäufen oder

Serviceleistungen) gewinnbringend verwendet werden, da einige Kanäle besser für die Informationssuche, andere wiederum besser für den Kauf oder Folgeleistungen geeignet sind. Bei der Verwendung mehrerer Kanäle für die Kundenakquise sollte die Interaktion zwischen den einzelnen Kanälen berücksichtigt und aufeinander abgestimmt werden. Die effektive Verwendung und Abstimmung mehrerer Kanäle für das Marketing wird Cross-Channel-Marketing genannt. Kamakura et al. definieren datenbezogene Kriterien als Hauptprobleme. Zum einen sind Datenbanken oft sehr groß und langsam, zum anderen werden für die effektive Analyse und Vorhersage profitabler Kunden sehr komplexe statistische Modelle benötigt.

Kundenentwicklung

Das vorrangige Ziel der Kundenentwicklung ist die Steigerung der Umsätze von bestehenden Kunden. Dabei finden oftmals Strategien wie Cross-Selling oder Up-Selling Verwendung. Cross-Selling zielt dabei auf Kategorie übergreifende Käufe ab, Up-Selling auf Käufe innerhalb von Kategorien. Diese Strategien erhöhen nicht nur den unmittelbaren Gewinn, sondern verstärken auch die Kundenloyalität und erhöhen damit die Wechselkosten zu Wettbewerbern. Zudem gibt es auch nicht primär monetär getriebene Ziele, wie die Verschiebung von Kanalpräferenzen durch Generierung von App-Downloads oder Ähnliches. Die gezielte Steuerung der verschiedenen Kanäle durch Cross-Channel-Marketing spielt auch bei der Kundenentwicklung eine große Rolle. Während Kunden die verschiedenen Phasen in ihrem Lebenszyklus durchlaufen, ist es wichtig, dass die genutzten Kanäle aufeinander und auf die Phase des jeweiligen Kunden abgestimmt sind.

Bei der Kundenentwicklung ergeben sich aufgrund der Datenbasis ähnliche Probleme wie bei der Kundenakquise. Unternehmen speichern ihre Kunden- und Transaktionsdaten in eigenen Datenbanken. Wichtige Informationen fehlen aber oder sind oftmals nur schwer zugänglich. Außerdem liegen viele relevante Daten in verschiedenen Stellen, sogenannten Datensilos, und widersprechen sich unter Umständen. Die Zusammenführung dieser Daten in einem zentralen Speicherort stellt dabei viele Unternehmen vor große Herausforderungen. Ferner stellt die fehlende Echtzeitfähigkeit von klassischen Datenbanken ein Problem für viele Unternehmen dar, weil vor allem die Reaktionen auf Kundenbedürfnisse in Echtzeit immer mehr an Bedeutung gewinnt.

Kundenerhaltung

Kundenerhaltung bezieht sich auf das Aufrechterhalten bereits bestehender Kundenbeziehungen, in der englischsprachigen Literatur oft als „Customer Retention" oder „Churn Prevention" bezeichnet. Bestandskunden zu halten und langfristige, profitable Kundenbeziehungen aufzubauen, ist eines der Kernziele von CRM. Vor allem das Halten bestehender Kunden hat dabei einen signifikanten Einfluss auf die

Unternehmensprofitabilität. Gupta et al. (2004) haben gezeigt, dass eine einprozentige Verringerung in der Wahrscheinlichkeit einen Kunden zu verlieren, den Firmenwert um fünf Prozent erhöht. Damit ist Customer Retention der Haupttreiber des Customer-Lifetime-Values.

Eine Fokussierung auf das Bestandskundenmanagement bedeutet demnach, dass Unternehmen in der Lage sein müssen, die Treiber des Kundenverlustes zu identifizieren. Vor allem aber müssen Unternehmen gefährdete Kunden erkennen und diese mit geeigneten Gegenmaßnahmen erreichen können. Maßnahmen um den Absprung von Bestandskunden vorzubeugen lassen sich zu drei Hauptkategorien zusammenfassen: Verbesserung der Servicequalität, gezielte Ansprache gefährdeter Kunden und Kundenbindungsprogramme.

PHASENSPEZIFISCHE KOMMUNIKATION ENTSPRECHEND DES CUSTOMER-LIFECYCLES

Interview mit Melanie Sickinger, Limango

Wie helfen Konzepte wie Lifecycles und Personas sowie technische Plattformen dabei, Kunden möglichst optimal anzusprechen?

Grundsätzlich ist der wichtigste Punkt: Der Kunde steht im Mittelpunkt. Die Kommunikation muss sich an ihm und seinen Bedürfnissen und Interessen ausrichten. Daher kann die richtige Kommunikation auch selten dem Motto „one fits all" folgen. Anhand geeigneter Kriterien können Kundensegmente mit gleichen Bedürfnissen gebildet und die Ansprache entsprechend gestaltet werden.

Eine erste Differenzierung lässt sich anhand der drei genannten Dimensionen vornehmen. Über Personas kann die jeweilige Lebenssituation des Kunden veranschaulicht und insbesondere auch Interessen abgeleitet werden. Bei Limango unterscheiden wir beispielsweise zunächst einmal danach, ob ein Kunde Kinder hat und in welcher Altersgruppe sich diese befinden. Eine Kundin mit einem Baby wird sich in der Regel zumindest teilweise für andere Produktkategorien interessieren, als eine Kundin mit einem Kind im Kindergartenalter oder eine Kundin ohne Kinder.

Die Lifecycle-Phase des Kunden beschreibt die Beziehung zwischen Kunde und Unternehmen. Hat sich die Kundin gerade erst bei Limango registriert oder ist sie bereits eine langjährige Kundin, die genau weiß, welche Vorteile Limango bietet? Unsere Kommunikation soll für den Nutzer relevant sein – dafür müssen wir die Antworten auf derartige Fragen kennen.

Und schließlich gibt es neben dem Content noch eine weitere Dimension, die zu berücksichtigen ist: den Kommunikationskanal. Zum einen ist natürlich nicht jeder Content für jeden Kanal gleich gut geeignet. Zum anderen haben Kunden verschiedene Präferenzen, über welchen Kanal der Kunde von uns angesprochen werden möchte. Über unseren Newsletter oder einer Push-Notification, nur im Shop beziehungsweise in der App oder über Whatsapp bis hin zu relativ neuen Kanälen wie zum Beispiel Alexa. Jeder Kanal hat dabei eigene Spezifika und Kommunikationsstandards. Push-Notifications und Whatsapp-Nachrichten sind beispielsweise ganz klar für den mobilen Gebrauch gemacht. Die Kommunikation wird zwischendurch in einem kurzen Augenblick wahrgenommen und muss daher kurz und knapp sein.

Bereits diese drei Dimensionen zeigen die Komplexität für jeden Kunden, die für ihn passende Kommunikation zu erstellen, auszuspielen und dabei eine in sich konsistente Ansprache sicherzustellen. Dies funktioniert nur, wenn man bereits in der Planung der Kommunikation den Kunden in den Mittelpunkt stellt und für die Aussteuerung der Kommunikation die richtigen Tools zur Verfügung stehen.

Wie gehen Unternehmen bei der Entwicklung von Personas und der passenden Ansprache am besten vor?

Wie eingehend erläutert, wollen wir mit Personas die Lebenssituation unserer Kunden beschreiben. Daraus lässt sich unter anderem ableiten, wofür sich der Kunde interessiert und was für ihn von Bedeutung ist. Der erste Schritt in der Entwicklung von Personas ist daher die Auseinandersetzung mit der Zielgruppe und die Identifikation wesentlicher Differenzierungsmerkmale innerhalb dieser Gruppe. Für Limango bedeutet das: Unsere Zielgruppe sind Familien und ein Faktor, der den Alltag und die Bedürfnisse einer Familie wesentlich beeinflusst – das Alter der Kinder.

Eine Familie mit einem Baby hat einen anderen Bedarf als zum Beispiel eine Familie mit Kindergartenkindern. Natürlich gibt es viele weitere Kriterien, die man für die Charakterisierung von Personas heranziehen kann, angefangen bei demografischen Merkmalen bis hin zu psychologischen Modellen. Für die Entwicklung der Personas sollte man diese Informationen bestmöglich nutzen. Auf dieser Basis können die persona-spezifischen Kommunikationskonzepte unter Berücksichtigung der zur Verfügung stehenden Möglichkeiten und Potenziale entwickelt werden.

Nehmen wir zum Beispiel unsere Persona „Familie mit Baby". Hier sind teilweise vollkommen andere Produkte relevant wie beispielsweise Strampler oder Schnuller. Dies wird bei der Bewerbung unserer Angebote selbstverständlich berücksichtigt. Zum anderen kann aber auch die grafische Gestaltung und die Sprache den Personas entsprechend gestaltet werden, beispielsweise durch Pastellfarben und eine emotionale Wortwahl.

Wie können und sollten Unternehmen die verschiedenen Phasen des Customer-Lifecycles bei der Kampagnenplanung und -automatisierung berücksichtigen?

In der Customer-Lifecycle-Kommunikation geht es insbesondere darum, eine Beziehung zum Kunden aufzubauen und diese zu pflegen. Auch hier ist in erster Linie das Hineindenken in die individuelle Kundensituation wichtig. Neukunden brauchen zum Beispiel gezielte Onboarding-Informationen. Wir erklären ihnen die Schritte von der Bestellung bis zum Erhalt ihres Pakets. Durch Hintergrundinformationen wird Vertrauen zum Unternehmen aufgebaut und Neukunden fühlen sich eingebunden. Für aktive Bestandskunden gehört Kommunikation rund um unser Loyalty-Programm genauso zur Lifecycle-Kommunikation wie Gutscheinaktionen oder eine Angebotsvorschau. Und für churn-gefährdete Kunden bewerben wir zum Beispiel alternative Kommunikationskanäle, passen die Kommunikationsfrequenz an oder stellen noch nicht genutzte Angebote in den Vordergrund.

Ein großer Teil dieser Lifecycle-Kommunikation wird über Geschichten erzählt, um die Kommunikation interessant und abwechslungsreich gestalten zu können und den Kunden auch auf emotionaler Ebene zu erreichen. So kann zum Beispiel unser Gutschein-Countdown im Sommer ein schmelzendes Eis und im Winter ein kleiner werdender Schneemann sein.

Wie stellt man allgemein sicher, dass sich CRM-Kampagnen für bestimmte Kunden/Kundengruppen tatsächlich lohnen?

Bei Limango werden insbesondere kostenintensive Sonderkampagnen und automatisierte Lifecycle-Kampagnen konstant im A/B-Test gegen Standardkommunikation geprüft. Bei Newsletter-Empfängern ist dies der reguläre Newsletter, den wir zur Bewerbung unserer Aktionen nutzen und der darüber hinaus keine weitere Kommunikation zum Beispiel zur Aktivierung enthält. Die Bewertung wird im ersten Schritt unabhängig von einzelnen Touchpoints über die gesamte Kampagnenlaufzeit vorgenommen. Waren die Kunden, die die Kampagnenkommunikation erhalten haben, aktiver, haben sie mehr gekauft, wie war die Kauffrequenz? Für die Optimierung werden dann die KPIs der einzelnen Touchpoints herangezogen und gegebenenfalls weitere kanalspezifische A/B-Tests aufgesetzt.

Darüber hinaus können Kampagnen natürlich auch andere Zielsetzungen verfolgen. Beispielsweise soll die Bewerbung der App zu einer höheren Anzahl an App-Installs führen. In diesem Fall werden eben diese spezifischen KPIs zur Erfolgsbewertung herangezogen.

Vor allem bei kostenintensiveren Maßnahmen, zum Beispiel Printkampagnen, müssen die Kosten natürlich in der Erfolgsbewertung beziehungsweise in der Beurteilung, ob sich die Kampagne gelohnt hat, berücksichtigt werden.

Welche Rolle spielen in diesem Zusammenhang probabilistische Kennzahlen wie der CLV?

Probabilistische Kennzahlen helfen uns vor allem bei der Segmentierung, um die Kommunikation optimal auszusteuern. Ein Beispiel hierfür ist die Churn-Prediction: Kunden, deren Risiko abzuwandern überdurchschnittlich hoch ist, können wir so mit geeigneten Maßnahmen in der richtigen Tonalität ansprechen und hierfür gegebenenfalls auch Kanäle wie Print verwenden. Selbstverständlich spielen hier auch weitere Kriterien eine Rolle, unter anderem der CLV. Über den CLV können wir einerseits Entscheidungen bezüglich des Investments in bestimmte CRM-Maßnahmen fundieren, andererseits dient diese Kennzahl auch als Frühwarnsystem, um entsprechende kommunikative Maßnahmen rechtzeitig einzuleiten.

Was ist generell bei automatisierten Strecken zu beachten?

Automatisierung ist unumgänglich und wichtig, um Ressourcen effektiv zu nutzen. Dabei entscheidend ist jedoch die Qualitätssicherung. Automatisierte Strecken müssen regelmäßig überprüft werden. Die Kommunikation muss stimmig sein, kein Kunde sollte Bruchstücke verschiedener Geschichten zu hören bekommen. Er sollte also nicht morgens eine Incentivierungs-Kampagne und am gleichen Tag noch Informationen zu unserem Loyalty-Programm erhalten.

Außerdem muss sichergestellt werden, dass ein Kunde nicht wiederholt in kurzer Zeit die gleiche Kommunikation erhält, nur weil er sich mehrfach dafür qualifiziert hat.

In Bezug auf Lifecycle-Phasen gilt: Der Wechsel von einer Phase zur nächsten sollte für den Kunden nicht spürbar sein. Damit meine ich zum Beispiel den Übergang von der Neukunden-Kommunikation hin zu einer für Vielkäufer. Bei uns sind verschiedene Manager für die einzelnen Lifecycle-Phasen verantwortlich, diese müssen sich eng abstimmen, um für den Kunden über alle Phasen hinweg eine konsistente Ansprache sicherzustellen

Limango ist ein Shopping-Club für Familien. Welche Spezifika hat ein derartiges Geschäftsmodell mit Blick auf die ausgeführten Aspekte?

Was uns unterscheidet, ist unter anderem das Aktionsmodell: Durch das täglich wechselnde Angebot erhöht sich auch die Frequenz in der Kommunikation. Wir müssen jeden Tag über die verschiedenen Kanäle interessant und relevant sein, um uns differenzieren zu können. Das Ganze muss aber, da wo es möglich ist, entsprechend effizient automatisiert werden, damit Ressourcen für die Weiterentwicklung der Kommunikation zur Verfügung stehen.

Technologie

Für Unternehmen gibt es aus technologischer Sicht drei gangbare Wege, ihre CRM-Maßnahmen kanalübergreifend zu orchestrieren: die Entwicklung einer proprietären Lösung, die Nutzung einer Single-Vendor-Marketing-Suite (beziehungsweise Marketing-Cloud) oder ein integrierter Best-of-Breed-Stack auf Basis einer Customer-Data-Plattform.

Proprietäre Lösung

Ein proprietärer Stack bietet eine Lösung für jede relevante Aufgabe im Marketing, wurde intern oder in Zusammenarbeit mit einer Agentur entwickelt und ist genau auf die Bedürfnisse des jeweiligen Unternehmens abgestimmt.

Single-Vendor-Marketing-Suites

Single-Vendor-Marketing-Suites sind integrierte Lösungen, die das Ziel haben, alle Marketingmaßnahmen eines Unternehmens sowie die generelle Kommunikation mit dessen Kunden über alle Kanäle hinweg zu orchestrieren und auszusteuern.

Integrierter Best-of-Breed-Stack

Integrierte Best-of-Breed-Stacks sind Lösungen, die alle Marketingmaßnahmen eines Unternehmens sowie die generelle Kommunikation mit dessen Kunden über alle Kanäle hinweg auf Basis einer Customer-Data-Plattform orchestrieren und für die Aussteuerung die besten kanalspezifischen Lösungen integrieren.

Die wenigsten Unternehmen können sich einen Marketingtechnologie-Stack Marke Eigenbau leisten. Denn dieser ist nicht nur teuer, sondern bedarf auch der entsprechenden Kompetenzen. Beim Eigenbau einer umfassenden Marketingtechnologie-Lösung müssen durchaus einige Millionen Euro investiert werden. Zudem muss hier bedacht werden, dass Entwicklung und Implementierung mehrere Jahre in Anspruch nehmen. Vor dem Hintergrund der sich stetig und rasant entwickelnden Technologielandschaft kann dies ein bedeutsamer Nachteil sein. Doch selbst wenn Budget und Zeit vorhanden sind, stellen die notwendigen Kompetenzen einen weiteren Flaschenhals dar. Denn es gibt wohl kaum eine Agentur, die eine derartige Aufgabe besser lösen kann als Anbieter, die sich bereits auf diesen Bereich spezialisiert haben. Der Aufbau eines unternehmensinternen Teams ist hier vermutlich noch schwieriger, da dieser selbst bereits gewisse Kompetenzen erfordert. Auf der anderen Seite bringen proprietäre Technologien auch immer zwei Vorteile mit sich: Zum einen können sie speziell auf die Bedürfnisse des Unternehmens zugeschnitten werden und zum anderen behalten Unternehmen so die volle Kontrolle über das entsprechende Tool. Da die Entwicklung einer proprietären Lösung für kaum ein Unternehmen eine Option darstellt und darüber hinaus auch sehr von den spezifischen Anforderungen des Unternehmens abhängt, konzentrieren wir uns im Folgenden auf einen Vergleich der namhaften Marketing-Clouds oder -Suites mit einem integrierten Best-of-Breed-Ansatz.

ÜBERSICHT MARKETING-TECHNOLOGIE-STACKS

Auch wenn die großen Marketing-Cloud-Anbieter aufgrund ihrer hohen Marketingbudgets extrem viel Sichtbarkeit genießen, durchdringen sie den Markt nicht in gleichem Maße. Laut einer Studie von Walker Sands (Walker Sands, 2017) nutzen lediglich 21 Prozent der Unternehmen eine Single-Vendor-Marketing-Suite, wie sie auch die großen Cloud-Anbieter bereitstellen. Fast 70 Prozent hingegen arbeiten mit einem Setup an Einzellösungen. Fast die Hälfte der Unternehmen setzt dabei auf klassenbeste Nischenlösungen, auch Best-of-Breed-Lösungen genannt. 27 Prozent aller befragten Unternehmen behaupten, dass ihr Best-of-Breed-Stack übergreifend integriert ist, während 42 Prozent in verschiedenen Abstufungen sagen, ihr Technologie-Stack sei fragmentiert.

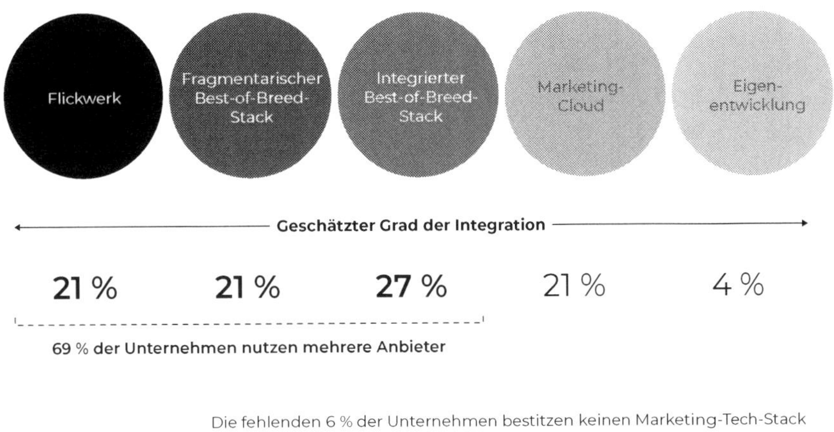

Abb. 21 Marketing-Tech-Stacks 2017 (Quelle: Walker Sands, 2017)

Das bedeutet, fast die Hälfte der Unternehmen ist aktuell allein aus technischer Sicht nicht zu einer kanalübergreifenden Marketing-Orchestrierung fähig. Unternehmen, die bis dato lediglich fragmentarisch Gebrauch von mehreren Best-of-Breed-Lösungen machen, müssen ihre bestehende Infrastruktur entweder durch eine umfassende Marketing-Cloud ersetzen oder ihren Stack in einem übergreifenden System zusammenführen müssen, um den Anforderungen eines Cross-Channel-Ansatzes gerecht zu werden. Letzteres – also die Integration bestehender Lösungen – wird auch als integrierter Best-of-Breed-Ansatz bezeichnet, da in diesem Falle meist die klassenbesten beziehungsweise passendsten Nischenlösungen für den jeweiligen Kanal im Einsatz sind.

Es gibt im Wesentlichen zwei Argumentationslinien, die für einen derartigen Ansatz sprechen. Zum einen werden sich Unternehmen eher für einen integrierter Best-of-Breed-Ansatz entscheiden, wenn sie daran glauben, dass die Nutzung der besten und aktuellsten Nischenlösungen ihnen mehr Vorteile bietet, als alles aus einer Hand geboten zu bekommen. Dabei geht es neben der Funktionalität pro Kanal vor allem darum, agil zu bleiben und neue Trends schnell adaptieren zu können. Zum anderen werden Unternehmen eher einen integrierten Best-of-Breed-Ansatz wählen, wenn sie bereits ein sehr umfangreiches Set an Tools nutzen, diese vielleicht sogar vom Anbieter speziell auf ihre Bedürfnisse angepasst wurden und womöglich auch sehr lange Vertragslaufzeiten haben. Bei derartigen Legacy-Setups bedeutet die Migration der gesamten Infrastruktur ein erhebliches Risiko, weshalb ein integrierter Best-of-Breed-Ansatz hier in vielen Fällen attraktiver sein wird als die Cloud.

Darüber hinaus generieren nach der Studie von Walker Sands Werbetreibende mit einem integrierten Best-of-Breed-Setup den meisten Wert aus ihrem Tech-Stack. 83 Prozent bewerten die Fähigkeit ihrer Organisation, das Beste aus ihren Tools herauszuholen, als „Good" oder „Excellent" (Sands, 2017) – zehn Prozentpunkte mehr, als bei Unternehmen, die auf eine Cloud setzen. Aus der Studie geht auch hervor, dass fast 90 Prozent der Werbetreibenden mit mehreren Marketing-Tools arbeiten müssen, unabhängig davon, ob ihr Unternehmen eine Marketing-Cloud nutzt oder nicht. Lediglich 16 Prozent der Marketing-Cloud-Nutzer sind auch wirklich auf keine weiteren Marketing-Tools angewiesen.

INTEGRIERTE BEST-OF-BREED-LÖSUNGEN VERSUS MARKETING-CLOUDS

> „This space is just changing at a phenomenal rate. That becomes one of the contributing factors to why best-of-breed stacks are winning out in popularity over the suites. The space is changing too fast for any one vendor to keep up with the whole thing.“ (Walker Sands, 2017)

Was genau ist also ein integrierter Best-of-Breed-Ansatz und inwiefern unterscheidet er sich von den großen Cloud-Lösungen? Marketing-Cloud-Anbieter haben den Anspruch, eine umfassende Lösung für alle relevanten Aufgaben im Marketing bereitzustellen – von der notwendigen Dateninfrastruktur, über das Kampagnenmanagement, bis hin zur Aussteuerung und Analyse von Werbemitteln. Deshalb werden sie oft und akkurater auch als Suites bezeichnet, denn auch andere Lösungsansätze basieren auf Cloud-Technologie. Integrierte Best-of-Breed-Ansätze hingegen verfolgen eine andere Philosophie. Sie gehen davon aus, dass der Selektionsdruck im Markt spezialisierte Nischenlösungen hervorbringt, die in ihrem jeweiligen Kompetenzbereich die beste Funktionalität und Performance aufweisen und damit in der jeweiligen Nische auch besser abschneiden als generalisierte Cloud-Lösungen. Primär geht es hier um kanalspezifische Tools, die für die Aussteuerung von Werbemitteln verwendet werden. Beispiele wären etwa Sendgrid im E-Mail-Bereich, Accengage für Mobile Push und Messenger oder sogar Anbieter für den digital gestützten Briefversand wie Optilyz. Natürlich hat hier jedes Unternehmen andere Anforderungen und das Setup an Kanälen und entsprechenden Tools variiert. In einem integrierten Best-of-Breed-Ansatz werden die besten beziehungsweise die für das jeweilige Unternehmen am besten geeigneten Kanal-Tools in einem übergreifenden System zusammengeführt und orchestriert. Grundsätzlich können aber auch kostengünstige und leichtgewichtige Tools oder sogar Marketing-Clouds oder Komponenten dieser integriert werden – ein integrierter Best-of-Breed-Ansatz ist per se offen und flexibel. Kern eines integrierten Best-of-Breed-Stacks bilden Systeme, die eine zentrale Kundendatenbank bereitstellen, welche anderen Systemen wie den jeweiligen Kanallösungen einen offenen Zugang über standardisierte Schnittstellen gewährt. Neben der funktionalen Integration der Tools für die Aussteuerung müssen in der Kundendatenbank auch alle vorhandenen Datenquellen zusammengeführt werden. Diese können CRM-Systeme, Data-Warehouses, Web-Tracking-Lösungen oder Response-Daten aus den kanalspezifischen Aussteuerungstools sein.

Die noch recht junge Gattung der Customer-Data-Plattformen (CDPs) ist genau darauf ausgerichtet, eine zentrale und offene Kundendatenbank für die Integration der unternehmensspezifischen Infrastruktur bereitzustellen.

> „By providing access to data from numerous systems in one database and supporting the systems that can produce an appropriate customer experience, the CDP overcomes the limitations imposed by fragmented point solutions and presents a holistic approach to customer interactions." (Earley, 2018)

CDPs bilden die Grundlage eines integrierten Best-of-Breed-Ansatzes. Während für kanalspezifische Aufgaben entsprechende Nischenlösungen eingesetzt werden, fokussieren sich CDPs auf die kanalübergreifenden Funktionsbereiche, zu denen immer das Daten-Handling, aber je nach Anbieter auch die Kampagnenplanung und -automation, Möglichkeiten der Personalisierung sowie Analyse- und Testfunktionalitäten zählen. Als zentrale und offene Plattformen ermöglichen es CDPs, den Technologie-Stack im CRM und Marketing auf die spezifischen Anforderungen des jeweiligen Unternehmens abzustimmen. Das Customer Data Platform Institute definiert eine CDP als „marketer-managed system that creates a persistent, unified customer database that is accessible to other systems" (CDP Institute, 2017).

Die Entscheidung für oder gegen eine Cloud scheint eine zwischen einem zu konfigurierenden Monolith und einer offenen kundenindividuellen Lösung zu sein. Doch in einem Momentschnitt der großen Cloud-Lösungen wie von Salesforce, Oracle, Adobe oder IBM stellt man bei genauerem Hinsehen fest, dass diese gar nicht in dem Maße integriert sind, wie sie es suggerieren. Dies ist nicht zuletzt historisch bedingt, denn die großen Marketing-Suite-Anbieter haben sich aus spezialisierten Einzellösungen beziehungsweise Kompetenzbereichen entwickelt und sukzessive weitere Funktionsbereiche ergänzt beziehungsweise entsprechende Unternehmen akquiriert. Sie sind derzeit also eher ein Konglomerat an Einzellösungen. Und so kauft man letztlich auch nicht ein umfangreiches Produkt, sondern gewissermaßen verschiedene Module, die als Ganzheit die Cloud bilden. Die Salesforce Marketing-Cloud beispielsweise besteht unter anderem aus der akquirierten Krux-DMP, Komponenten zur Marketingautomation, die aus der Übernahme von Exacttarget und anderen Lösungen hervorgegangen sind, sowie aus Tools im Social-Media-Bereich, die auf den akquirierten Technologien von Buddy Media und Radian6 basieren. Ursprünglich kommt Salesforce aus dem CRM-Bereich und fokussierte sich auf den E-Mail-Kanal. Ähnlich sieht es bei Oracle aus. Das Unternehmen kam zwar später ins Rennen als die anderen großen Anbieter, konnte jedoch durch gezielte Akquisitionen aufholen. Wie Salesforce kommt auch Oracle historisch aus dem CRM-Bereich beziehungsweise war ursprünglich lediglich ein Datenbanksystem. Und ebenso basieren die Einzellösungen der Oracle Marketing-Cloud auf akquirierten Lösungen. Oracles DMP ist Bluekai, die Marketingautomation basiert auf

Responsys für den B2C-Bereich beziehungsweise Eloqua für den B2B-Bereich. Hinzu kommen weitere Komponenten wie etwa ein auf Compendium basierendes Tool für Content-Marketing oder Maxymiser für das Testen und Optimieren von Kampagnen. Die Integration dieser Einzellösungen ist für die großen Suite-Anbieter derzeit mit die größte Herausforderung. Und bis sie diese vollständig gemeistert haben, wird es vermutlich noch einige Zeit dauern. Denn es ist nicht trivial, die Software-Architektur und Code-Basis der verschiedenen Systeme zu vereinheitlichen. Und dies gilt auch für verfügbare Werkzeuge und Funktionalitäten der Cloud-Komponenten.

Um begriffliche Unschärfen zu vermeiden, ist es sinnvoll, die unterschiedlichen Bedeutungen des Integrationsbegriffs im Hinblick auf die Clouds beziehungsweise einen integrierten Best-of-Breed-Ansatz zu verdeutlichen. Hinsichtlich der Clouds ist von der vollständigen Integration akquirierter Software-Lösungen in das bestehende Cloud-System die Rede. Neu hinzukommende Systeme müssen nicht nur mit dem bestehenden System kommunizieren, sondern vollständig in diesem aufgehen. Das bedeutet, die gesamte Softwarearchitektur und der gesamte Code müssen entsprechend des bestehenden Systems vereinheitlicht werden. Beim integrierten Best-of-Breed-Ansatz ist unter Integration lediglich die Kommunikation zwischen einer zentralen Plattform und verschiedenen anderen Systemen zu verstehen – hierzu zählen verschiedene Datenquellen ebenso wie Tools für das Ausspielen von Werbebotschaften. Die Kommunikation geschieht hier über Application-Programming-Interfaces (APIs) oder Webhooks und ist damit deutlich leichter umzusetzen als die Zusammenführung verschiedener Systeme.

Doch selbst wenn es den Clouds in den kommenden Jahren gelingt, ihre verschiedenen Systeme vollständig zu integrieren, bedeutet dies weder, dass die gelieferten Lösungen auch die besten für die entsprechenden Aufgaben sind, noch, dass sie zukünftig nicht weitere Funktionen ergänzen müssen. Und genau hier liegt eine der großen Schwachstellen der Cloud-Lösungen. Wenn der Markt neue Kanäle und Tools hervorbringt, müssen die Clouds erst eine entsprechende Lösung entwickeln oder akquirieren. Es ist in dieser Hinsicht davon auszugehen, dass sich ein Kanal zunächst etablieren muss, bevor die Cloud-Anbieter in entsprechende Lösungen investieren. Es entsteht also zwangsweise eine Latenz der Adaption. Dies ist von besonderer Bedeutung, wenn man bedenkt, dass sich Strukturen in Unternehmen tendenziell logarithmisch entwickeln, während Fortschritte in der Marketingtechnologie eher eine exponentielle Kurve beschreiben. Scott Brinker prägte in einem Artikel auf Chiefmartec den Begriff Martec's Law für diese Divergenz (Brinker, 2016). Sie ist in zweierlei Hinsicht relevant: Zum einen ist es für jedes Unternehmen wichtig im CRM- und Marketing-Bereich technologisch auf dem neuesten Stand zu bleiben und mit der rasanten Entwicklung Schritt zu halten – vor allem, wenn der Fokus auf dem Digitalgeschäft liegt. Zum anderen unterliegen auch die großen Marketing-Cloud-Anbieter der Trägheit ihrer internen Innovationsprozesse und haben aufgrund ihres generalisierten Ansatzes ein inhärentes Defizit, wenn es um die Adaption neuer Kanäle und Technologien geht. Und da es sich hier um ein strukturelles Problem handelt, werden Unternehmen, die auf eine Marketing-Cloud setzen, neue Trends auch in Zukunft schwerfälliger adaptieren als jene, die einen integrierten Best-of-Breed-Ansatz verfolgen. Zudem können die Cloud-Anbieter nicht einfach umdisponieren, wenn sie in die falsche Technologie investiert haben, denn interne Investitionsprozesse und Akquisitionen mit entsprechenden Integrationen sind kostspielig und langwierig. CDP-Anbieter hingegen können ihre Ressourcen deutlich detaillierter an Marktveränderungen und Kundenwünschen ausrichten. Sie integrieren relevante Tools und profitieren von der Innovationskraft der spezialisierten Anbieter. Dadurch hebeln sie Martec's Law gewissermaßen aus, da die Komponenten ihrer Lösung, die einem schnellen Wandel unterliegen, nicht tiefgehend in das langlebigere Kernprodukt integriert sind, sondern nur über APIs oder Webhooks an dieses andocken. Während etwa die Dateninfrastruktur und das Kampagnenmanagement langfristig entwickelt werden können, setzt man bei den Tools für die Aussteuerung von Werbemitteln auf die Nähe zur realen Marktdynamik. Es liegt also am zugrunde liegenden Geschäftsmodell, dass die großen Marketing-Clouds nicht agil genug reagieren können. Keine generalisierte Software wird je für alle Kanäle und Aufgaben die besten Lösungen bereitstellen.

Der generalisierte Ansatz der Cloud-Anbieter hat für viele Unternehmen auch bei der Implementierung schwerwiegende Auswirkungen. Denn Cloud-Lösungen ersetzen die gesamte bestehende Marketing-Infrastruktur. Dies ist vor allem für Firmen mit umfangreichen Legacy-Setups relevant. CDPs hingegen legen sich idealerweise wie eine Art Meta-Layer auf die bestehende Infrastruktur, ohne an dieser grundsätzlich etwas zu verändern. Die bestehenden Tools werden also weiterhin genutzt, aber durch ein zentrales System orchestriert. Dies bedeutet in der Regel, dass integrierte Best-of-Breed-Lösungen deutlich schneller implementiert und gelauncht werden können als Clouds. Bis eine umfassende Cloud-Lösung voll einsatzfähig ist, dauert es in der Regel mindestens ein volles Jahr – in vielen Fällen sogar deutlich länger. Die Integration der bestehenden Infrastruktur in einem integrierten Best-of-Breed-Ansatz lässt sich hingegen in wenigen Monaten bewerkstelligen. Ein deutlicher Vorteil, wenn man der Marktdynamik in den Bereichen CRM und Marketing Rechnung tragen will.

Neben der beschriebenen strukturellen Starrheit, gehören Defizite in der Dateninfrastruktur zu den besonders kritischen Schwachstellen der Marketing-Clouds. Und diese sind nicht unbedingt gleich ersichtlich. Die großen Marketing-Clouds können in vielen Fällen keine Echtzeitfähigkeit garantieren und sie haben Schwierigkeiten mit komplexen Datenstrukturen sowie bei der Verarbeitung großer Datenmengen. Für bestimmte Marketing-Setups und Kampagnen mag dies vernachlässigbar sein. Jedoch impliziert eine angestrebte Eins-zu-eins-Kundenbeziehung nicht nur, dass Werbemittel mit immer mehr zeitlicher Relevanz ausgesteuert werden, sondern auch, dass immer mehr Daten verarbeitet und für Marketingzwecke nutzbar gemacht werden müssen. Um relevante Inhalte an individuelle Kunden auszuspielen, müssen möglichst viele Datenpunkte verknüpft werden und in die aktive Modellierung der Customer-Journey einfließen – im Hinblick auf Kanalpräferenzen, Frequenz, Zeitpunkt und nicht zuletzt die Personalisierung von Inhalten. Zum anderen bemisst sich die Relevanz personalisierter Inhalte in vielen und immer mehr Fällen an der Aktualität der Werbebotschaft.

Dieser Trend spiegelt sich auch im erwähnten Google-Konzept der Micro-Moments wider (Google, 2015, a und b). Es muss zunehmend auf die aktuellen Intentionen individueller Kunden eingegangen werden. Und dazu muss ihr Verhalten getrackt und in Echtzeit auf bestimmte Aktivitäten reagiert werden können. Eine hochperformante Dateninfrastruktur ist in dieser Hinsicht also unabdingbar.

Die großen Cloud-Anbieter versuchen ihre datenseitigen Defizite durch gezielte Akquisitionen auszugleichen. So akquirierte beispielsweise Oracle 2014 Bluekai und Salesforce legte 2016 mit der Übernahme von Krux nach. Jedoch eignen sich beide Cloud-Anbieter damit lediglich Data-Management-Plattformen (DMPs) an, die den entsprechenden Anforderungen im Cross-Channel-Marketing nur bedingt gerecht werden können. DMPs sind primär auf Third-Party-Daten ausgelegt und generell kampagnenorientiert. Eine umfassende und einheitliche Sicht auf Kunden steht hier nicht im Vordergrund. Zudem nutzen DMPs lediglich Cookies als Identifier. Entsprechend können Nutzerdaten nur während der Cookie-Laufzeit genutzt werden, die in der Regel 30 bis 90 Tage beträgt. Zwar kommunizieren einige DMP-Anbieter, dass sie auch proprietäre First-Party-Daten nutzen können, jedoch geschieht dies in der Realität fast nie. Dies ist vor allem dem Umstand geschuldet, dass sich DMP-Anbieter ihre Systeme nicht datenschutzrechtlich verunreinigen wollen. Zudem ist das Anwendungsfeld der DMPs auf den Performance-Marketing-Bereich beschränkt und sie werden lediglich von entsprechenden Teams verwendet.

Ein CRM-Team, dass für die Bestandskundenpflege verantwortlich ist und primär mit First-Party-Daten arbeitet, nutzt andere Lösungen wie CRM-Systeme oder idealerweise eine CDP. Letztere nutzen unterschiedlichste Identifier, um verschiedene Daten kanal- und geräteübergreifend in vereinheitlichten Kundenprofilen zusammenzuführen. Ihre Dateninfrastruktur ist so ausgelegt, dass alle Daten in Echtzeit verfügbar sind und sie keine Schwierigkeiten mit großen Datenmengen und komplexen Datenstrukturen haben. Die Zusammenführung verschiedener Datensätze wird auch als Profile-Stitching (Jones, 2015) bezeichnet und ermöglicht es, wirkliche 360-Grad-Kundenprofile zu realisieren, die für kanalübergreifendes CRM und Marketing genutzt werden können. CDPs fokussieren sich zwar primär auf proprietäre First-Party-Datensätze und damit auf den CRM-Bereich, können aber dennoch Daten von Drittanbietern integrieren und nutzen. Eine zentrale, einheitliche und offene Datenbank – wie eine CDP sie bereitstellt – ist das Herzstück eines integrierten Best-of-Breed-Ansatzes. Jedoch beinhalten reine CDPs nicht unbedingt Funktionalitäten, die Werbetreibende beim Kampagnenmanagement unterstützen. Einige Anbieter haben ihre CDPs allerdings um die notwendige Logik und ein entsprechendes Interface erweitert und ermöglichen die Orchestrierung von Kampagnen über mehrere Kanäle hinweg. So bieten sie das notwendige Kernsystem für einen integrierten Best-of-Breed-Ansatz und damit eine wirkliche Alternative zu den großen Cloud-Lösungen. Entsprechend erweiterte CDPs wurden 2017 vom Marktforschungsinstitut Gartner auch unter der Rubrik „Customer Engagement and Monetization Platforms" (Gartner, 2017, S. 7) gelistet. Im Folgenden werden CDPs, die auch Funktionen im Bereich Kampagnenmanagement aufweisen, als Customer-Engagement-Plattformen (CEP) bezeichnet. Derartige Systeme bieten das Gesamtpaket, um die bestehende CRM- und Marketing-Infrastruktur eines Unternehmens in einen integrierten Best-of-Breed-Ansatz zu überführen. Abbildung 22 veranschaulicht, wie Marketing-Clouds im Vergleich zu einem integrierten Best-of-Breed-Setup funktional aufgestellt sind.

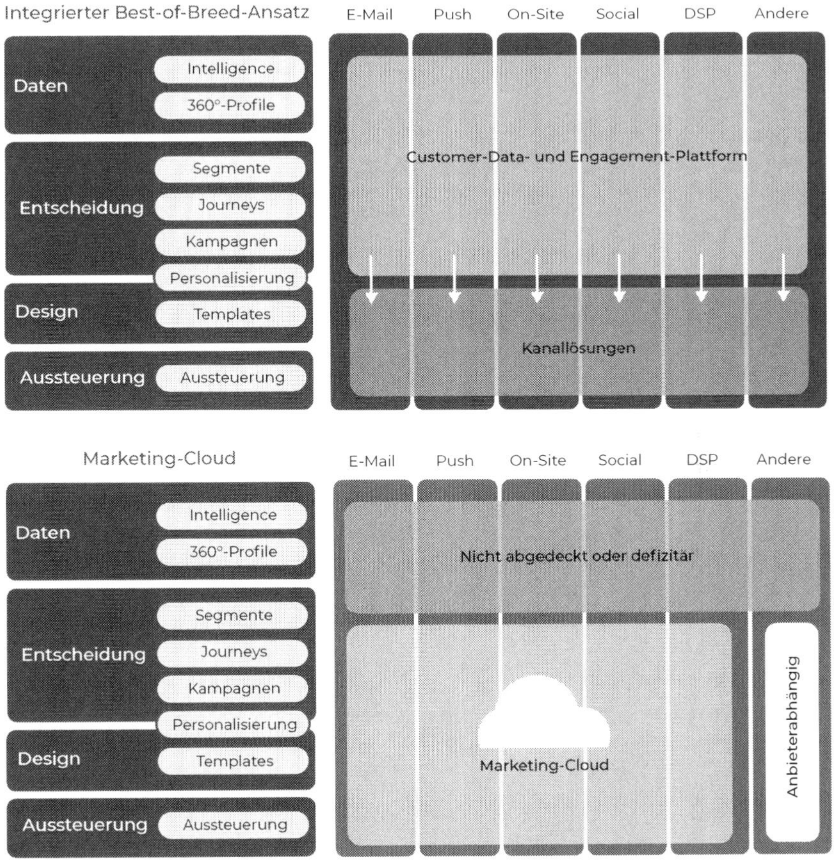

Abb. 22 Kompetenzbereiche: Integrierter Best-of-Breed-Ansatz versus Marketing-Cloud

Ein weiterer nennenswerter Nachteil der Clouds liegt oftmals im Kostenpunkt. Support und Beratung sind meist ebenso teuer wie die Kosten für die Aussteuerung von Werbebotschaften. Denn die meisten Marketing-Clouds berechnen Gebühren auf Basis der Anzahl an versendeten Nachrichten. Dies kann zu einem Interessenkonflikt zwischen Cloud und Kunden führen: Während Cloud-Anbieter mit mehr Nachrichten auch mehr verdienen, ist eine höhere Quantität beziehungsweise Frequenz für Werbetreibende nicht immer wünschenswert. Tabelle 6 fasst die wesentlichen Unterschiede zwischen den großen Marketing-Clouds und einem integrierten Best-of-Breed-Ansatz zusammen.

	MARKETING-CLOUD	INTEGRIERTER BEST-OF-BREED-ANSATZ
Agilität	Träge (Integration neuer Funktionen ins Kernsystem)	Agil (Integration via APIs und/oder Webhooks)
Implementierung	Risikoreich und zeitaufwendig (Ersetzt gesamte bestehende Infrastruktur)	Geringes Risiko und schneller Launch (Legt sich über bestehende Infrastruktur)
Dateninfrastruktur	Keine Echtzeitfähigkeit, Defizite bei großen Datenmengen und komplexen Datenstrukturen	Echtzeitfähig, skalierbar, komplexe Datenstrukturen möglich
Kosten	Abrechnung auf Basis der Anzahl an Nachrichten, Support und Beratung kostspielig	Abrechnung auf Basis des Datenvolumens, zusätzliche Kosten für Einzellösungen und Beratung

Tab. 6 Zusammenfassende Gegenüberstellung: Integriertes Best-of-Breed-Setup versus Marketing-Cloud

CUSTOMER-DATA-PLATTFORMEN – DAS NEUE ELEMENT IM CRM-STACK

Auch wenn der integrierte Best-of-Breed-Ansatz aus Gründen der Agilität und Flexibilität aktuell Aufwind erfährt, sind das zugrunde liegende Konzept sowie die notwendigen Technologien noch nicht sonderlich bekannt. Denn CDPs als Kernelement – und damit der Ansatz insgesamt – existieren erst seit wenigen Jahren. CDPs sind im Vergleich zu Marketing-Clouds noch eine relativ junge Kategorie im Bereich Marketingtechnologie. Der Amerikaner David Raab, Gründer des Customer Data Platform Institutes, prägte 2013 den Begriff und 2016 wurden CDPs das erste Mal von Gartner (2018) im Hype Cycle for Digital Marketing and Advertising aufgenommen. Seitdem haben CDPs viel Aufmerksamkeit bekommen und sind aktuell sicherlich einer der interessantesten Trends im Marketing, was sich unter anderem an der Präsenz des Themas auf den führenden Marketingtechnologie-Konferenzen und den vergleichsweise großen Finanzierungsrunden für Anbieter in diesem Bereich festmachen lässt. Dies hat im Endeffekt dazu geführt, dass Gartner im aktuellsten Hype Cycle for Digital Marketing and Advertising 2017 CDPs bereits ein Jahr nach der ersten Erwähnung auf dem höchsten Punkt des Hype Cycles angekommen sieht.

Aufgrund der Tatsache, dass die Kategorie noch relativ neu ist, gibt es noch keine abschließende Definition, welche Funktionen eine CDP umfassen sollte. Allerdings lassen sich zumindest folgende drei Kernfunktionalitäten festhalten:

1. Daten: Zusammenführung von Nutzer- und Kundendaten aus verschiedenen Systemen zu einer vereinheitlichten Kundensicht (360-Grad-Nutzerprofil)

2. Entscheidung: Komplexe Kundensegmentierungen und Erstellung von Marketingautomatisierungen („Segment-of-One-Marketing") ohne Programmier- und Datenbankkenntnisse. Aufgrund der durch CDPs eingesetzten Technologien aus dem Big-Data-Bereich, die sich zumeist von den bei Marketing-Clouds eingesetzten relationalen Datenbanken unterscheiden, sind dabei Echtzeitentscheidungen auch auf Basis von sehr großen Datenmengen möglich

3. Aktionen: Bereitstellung der Daten für die Ausführung von Marketing-Kampagnen durch die Integration in kanalspezifische Auslieferungs-Tools

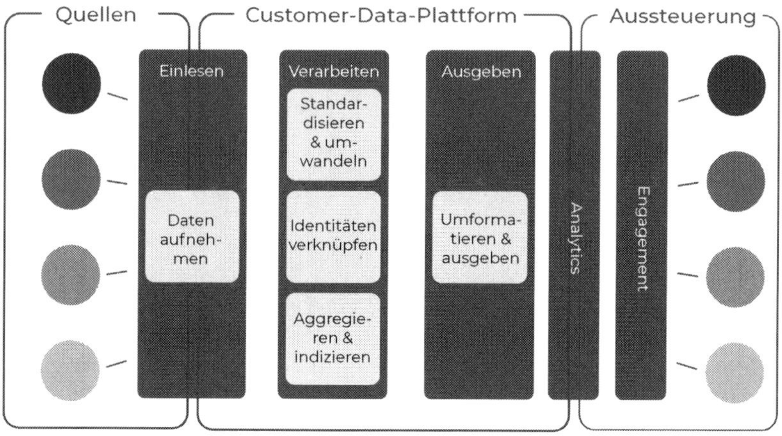

Abb. 23 Schematischer Aufbau einer Customer-Data-Plattform

Zwar gleichen sich CDPs in der zugrunde liegenden Architektur und Dateninfrastruktur, unterscheiden sich aber oftmals mit Blick auf Aspekte der Kampagnenplanung und -automation, Möglichkeiten der Personalisierung sowie Analyse- und Testfunktionalitäten (Earley, 2018). Dies sollten Unternehmen bei der Anbieterauswahl berücksichtigen.

Wie erwähnt definiert das Customer Data Platform Institute eine CDP als ein „marketer-managed system that creates a persistent, unified customer database that is accessible to other systems“ (CDP Institute, 2017). Im Folgenden werden die einzelnen Aspekte dieser Definition in Kürze beleuchtet.

Datenkonsolidierung in Echtzeit

Per Definition generieren CDPs eine persistente und vereinheitlichte Kundendatenbank, indem sie alle Nutzerdaten in Echtzeit zu umfassenden 360-Grad-Kundenprofilen konsolidieren (Earley, 2018). Dazu zählen neben grundlegenden Profildaten auch Daten aus der Kundenhistorie sowie das aktuelle Nutzerverhalten aus allen erdenklichen Quellen wie CRM-Systemen, Data-Warehouses, Web-Tracking-Lösungen oder Response-Daten aus kanalspezifischen Marketing-Tools. All diese Daten werden standardisiert, miteinander verknüpft und für die Übergabe an die jeweiligen Aussteuerungstools aufbereitet.

Auf der gewonnenen Datenbasis können dann relevante und gewinnbringende Kundengruppen bis hin zu einzelnen Kunden identifiziert werden. Jedoch sind nicht alle CDPs im Hinblick auf Funktionalitäten zur Kundensegmentierung gleich stark aufgestellt.

Offener Zugang zu anderen Systemen

Die umfassende Integration aller zur Verfügung stehenden Datenquellen setzt bereits einen offenen Zugang für andere Systeme voraus. CDPs kommunizieren über APIs oder Webhooks mit anderen Systemen, um Daten einzulesen oder zu übergeben. Neben den integrierten Datenquellen docken auch die im jeweiligen Best-of-Breed-Stack verwendeten Kanal-Tools über Schnittstellen an die CDP an. Diese wird von den Kanal-Tools mit Daten gespeist, steuert diese aber auch an, um bestimmte Nachrichten im jeweiligen Kanal zu versenden. Grundsätzlich lassen sich alle kanalspezifischen Lösungen integrieren. Jedoch sollte beim jeweiligen CDP-Anbieter geprüft werden, zu welchen Teilen der unternehmensspezifische Stack bereits integrierbar beziehungsweise ob eine Integration kurzfristig realisierbar ist. Des Weiteren sollten die Unterschiede in einer Integration über APIs respektive Webhooks bedacht werden. APIs bieten die Möglichkeit zu einer tiefgreifenderen Integration, sind allerdings auch mit mehr Entwicklungsaufwand verbunden. Webhooks können einfacher aufgesetzt und kunden-/unternehmensseitig angepasst werden.

Weitere Beispiele für Systeme, die an eine CDP angegliedert werden können sind Analyse-Tools – die eingesetzt werden, wenn entsprechende Funktionalitäten von der CDP nicht abgedeckt sind – sowie Marketing-Clouds, die beispielsweise bereits im Einsatz sind, aber zu wenig Möglichkeiten in der Konsolidierung und Verarbeitung von Daten bieten und/oder neue Kanäle nicht integrieren können.

Visuelle Benutzeroberfläche

Durch eine visuelle Benutzeroberfläche machen CDPs Kundendaten für nichttechnische CRM- und Marketingmitarbeiter unmittelbar zugänglich und nutzbar. Die durch die CDP generierten Kundenprofile können so genutzt werden, um Kundensegmente ohne Datenbank-/Programmierkenntnisse zu erstellen, wie es beispielsweise bei der Nutzung eines Data-Warehouse der Fall ist. Je nach Anbieter stellen CDPs in ihrer Benutzerschnittstelle auch Analyse- und Testfunktionen oder Funktionen zur Kampagnenautomation und Personalisierung zur Verfügung. Die auf Marketer ausgelegte Benutzeroberfläche sowie die zugrunde liegenden Prozesse der Datenverarbeitung bieten im Wesentlichen zwei Vorteile:

1. Aufgrund der weniger zeitaufwendigen und manuellen Prozesse werden Teams aus den Bereichen IT und Business-Intelligence entlastet. Sie müssen keine Kundensegmente mehr generieren oder andere Formen der Zuarbeit abdecken. Dadurch können sie sich interessanteren Aufgaben zuwenden und ihre Kompetenzen besser einsetzen.

2. CRM- und Marketing-Teams sind nicht mehr von der IT oder Business-Intelligence abhängig. Dadurch können sie Kampagnen schneller und einfacher planen, aussteuern, testen und optimieren. So werden sie agiler und können kreativer arbeiten.

Schwerpunkte verschiedener CDP-Anbieter

Nach David Raab (2018, Absatz 5) sind CDPs „designed to be run by marketing departments with little or no support from corporate IT." Folge dessen ist, dass die Kaufentscheidung für eine CDP in der Regel von der Marketingabteilung getroffen wird. Und das mit dem Ziel, sich unabhängiger und damit auch agiler bei der Umsetzung von datenbasierten Marketingmaßnahmen zu machen. Denn lediglich initial ist bei der Implementierung einer CDP die Hilfe von IT und/oder Business-Intelligence notwendig, um die einmalige Integration mit den bestehenden Datenquellen zu gewährleisten. Innerhalb der Gruppe der Anbieter von CDP-Lösungen gibt es allerdings eine relativ große Diversität, wobei sich folgende Schwerpunkte herauskristallisieren:

Fokus auf Daten

Eine Reihe von CDP-Anbietern konzentriert sich auf das Thema Daten, was sich insbesondere durch eine Fokussierung auf die Bereitstellung von Standardschnittstellen für weitverbreitete Datenquellen wie beispielsweise Shop-Systeme oder Analytics-Lösungen zeigt (Elkin & Sarner, 2017). Hierdurch wird die Integration von Daten stark vereinfacht, was allerdings die Nutzung der Standarddatenquellen voraussetzt. Häufig haben diese Anbieter ihren Ursprung im Bereich Tag-Management und haben sich aufgrund der verschärften Wettbewerbssituation – die vor allem dem Google Tag Manager geschuldet ist – für eine entsprechende Weiterentwicklung ihres Produktes entschieden.

Beispiele für Anbieter: Tealium, Ensighten

Fokus auf Out-of-the-Box-Lösungen für Verticals

Eine andere Gruppe von CDP-Anbietern hat sich statt eines möglichst flexiblen, vielseitigen Angebots für die Entwicklung von spezialisierten Lösungen für Verticals wie E-Commerce oder Travel entschieden. Häufig beinhaltet dies neben der Anbindung von Standarddatenquellen in den Verticals auch schon die Vorgabe von bestimmten Kampagnen, die für das entsprechende Vertical vielversprechend erscheinen – wie zum Beispiel Warenkorbabbrecher-Kampagnen im E-Commerce-Vertical. In dieser Gruppe findet man am häufigsten Anbieter, die eigene Lösungen beispielsweise für den Versand von E-Mails oder die Website-Personalisierung entwickelt haben, statt sich mit Auslieferungslösungen in den einzelnen Kanälen zu integrieren. Damit ist eine Abgrenzung zu den klassischen Marketing Clouds bei dieser Gruppe der Anbieter tatsächlich am problematischsten.

Beispiele für Anbieter: Blueshift, Optimove

Fokus auf kanalübergreifende Entscheidungen und Aktionen

Eine weitere Gruppe von Anbietern hat sich auf die Entwicklung einer CDP in Verbindung mit kanalübergreifendem Kampagnenmanagement entschieden, um die konsolidierten Daten für den nicht-technischen Marketer nicht nur zugänglich zu machen, sondern ihm die direkte Weiterverwendung zu ermöglichen (Elkin & Sarner, 2017). Dies wird durch die Bereitstellung von Funktionalitäten für kanalübergreifendes Kampagnenmanagement gewährleistet. Auf diese Weise ermöglichen entsprechende Lösungen, Nutzer und Kunden über alle verfügbaren Marketingkanäle in einer aufeinander abgestimmten Kommunikationsstrategie anzusprechen. In dieser Hinsicht überschneiden sich die Funktionalitäten mit denen der Marketing-Clouds. Allerdings sind CDPs datenseitig deutlich besser aufgestellt und setzen bei der Aussteuerung von Werbebotschaften auf die Integration mit entsprechenden Kanal-Tools, um Agilität in der Adaption neuer Kanäle und Tools zu gewährleisten.

Beispiele für Anbieter: CrossEngage

Abgrenzung zu anderen Systemen

Grundlage für die kanalübergreifende Orchestrierung aller genutzten Kanal-Tools in einem Best-of-Breed-Ansatz ist wie erwähnt eine zentrale und offene Kundendatenbank wie CDPs sie bereitstellen. Denn nur so kann sichergestellt werden, dass alle existierenden Systeme gleichermaßen Zugriff auf die notwendigen Daten haben. Diese werden aus unterschiedlichen Quellen zusammengeführt und vereinheitlicht, wodurch sie an Qualität gewinnen und effizient über verschiedene Systeme hinweg genutzt werden können. Da es eine ganze Reihe an Datenbanken beziehungsweise Plattformen gibt, die sich speziell auf das Verwalten von Kundendaten spezialisiert haben, ist es sinnvoll, sich einen kurzen Überblick über die wichtigsten Systeme zu verschaffen. Denn nicht alle erfüllen die notwendigen Bedingungen für einen integrierten Best-of-Breed-Ansatz. David Raab gab 2017 mit einem Vortrag auf der #MarTech San Francisco Conference ein Plädoyer für die Nutzung von CDPs und vergleicht diese mit anderen Systemen (Raab, 2017 a). Raabs Gegenüberstellung ist die Grundlage für die Vergleichstabelle 7.

	DATA-WARE-HOUSE / DATA LAKE	DMP	CRM-SYSTEM	MARKE-TING-CLOUD	CDP	CEP
Packa-ged System	Nein	Ja	Ja	Ja	Ja	Ja
Verein-heit-lichte Kunden-daten	Ja	Nein	Nein	Ja	Ja	Ja
Kom-plexe Daten-struk-turen	Ja	Nein	Nein	Nein	Ja	Ja
Große Daten-mengen	Ja	Ja	Partiell	Nein	Ja	Ja
Echtzeit-fähigkeit	Nein	Ja	Nein	Nein / Partiell	Ja	Ja
Offener Zugang	Ja	Ja	Nein	Nein / Partiell	Ja	Ja
Kampa-gnen-manage-ment	Nein	Fokus auf Pro-gramm-atic Display	Ja	Ja	Anbie-terspezi-fisch	Ja
Aussteu-erung	Nein	Pro-gramm-atic Display über DSP	Ja	Ja	Anbie-terspezi-fisch	Ja (über Einzellö-sungen)

Tab. 7 Charakteristika verschiedener Systeme im Vergleich (Quelle: Raab, 2017 a)

Erläuterung:

- Packaged System: Ein gebündeltes System beziehungsweise ein Komplettpaket, dessen Komponenten ein integriertes System mit standardisierten Prozessen und generische Schnittstellen bilden und das nicht zuletzt ein End-User-Interface bereitstellt.

- Vereinheitlichte Kundendaten: Datenpunkte aller Customer-Touchpoints werden in einer einheitlichen Metrik abgelegt – seien dies transaktionale Daten, Verhaltensdaten oder demografische Daten. Auf dieser Grundlage werden alle Datenpunkte eines Kunden zu einem einheitlichen, zentralen Kundenprofil zusammengeführt.

- Komplexe Datenstrukturen: Große Flexibilität im Hinblick auf das Datenmapping, die die Verarbeitung komplexer Datenstrukturen zulässt.

- Große Datenmengen: Skalierbarkeit ist auch bei großen Datenmengen gewährleistet – sowohl aus technischer Sicht als auch hinsichtlich der entstehenden Grenzkosten.

- Echtzeitfähigkeit: Daten werden in Echtzeit verarbeitet und es gibt keine langwierigen Batch-Uploads, wie es etwa bei DWHs mit ETL-Prozessen der Fall ist.

- Offener Zugang: Das System ist für andere Systeme zugänglich, sodass beispielsweise über APIs oder Webhooks Daten in Echtzeit ausgetauscht werden können.

- Kampagnenmanagement: Umfasst Funktionalitäten zur Kundensegmentierung, auf Machine-Learning basierende Voraussagen, Werkzeuge zur Analyse und Attribution und/oder eine kanalübergreifende Entscheidungslogik für die Orchestrierung von Kampagnen und die Modellierung von Customer-Journeys.

- Aussteuerung: Das System versendet Werbebotschaften selbst – beispielsweise via E-Mail oder Push-Notification, statt auf weitere Tools angewiesen zu sein.

Betrachten wir zunächst in aller Kürze einige Systeme, die nicht die notwendigen Voraussetzungen für einen integrierten Best-of-Breed-Ansatz erfüllen. Die Unzulänglichkeiten der Data-Management-Plattformen (DMPs) wurden im vorhergehenden Vergleich zu integrierten Best-of-Breed-Lösungen und Marketing-Clouds bereits angesprochen. Sie bieten zwar ein Packaged System und grundsätzlich einen offenen Zugang, sind jedoch nicht für das Management von First-Party-Daten ausgelegt und entsprechend auch nicht für die Orchestrierung verschiedener Kanäle oder die Aussteuerung von Werbebotschaften im CRM-Bereich. Auch CRM-Systeme sind Packaged Systems. Sie bieten zwar Funktionen für das Management von Kampagnen und die Aussteuerung von Werbebotschaften, jedoch keine einheitliche Datenbasis oder einen offenen Zugang für andere Systeme. Genau umgekehrt verhält es sich bei Data-Warehouses oder Data-Lakes. Hier gibt es einen offenen Zugang für andere Systeme und sie ermöglichen ein vereinheitlichtes Daten-Management. Allerdings treten sie weder als Packaged Systems auf, noch bringen sie Fähigkeiten für das Kampagnenmanagement und die Aussteuerung mit sich.

Marketing-Clouds erfüllen zwar die wesentlichen Voraussetzungen für einen kanalübergreifenden Ansatz im CRM und Marketing, allerdings sind sie wie erwähnt defizitär, wenn es um die Verarbeitung von großen Datenmengen und komplexen Datenstrukturen geht. Darüber hinaus ist ihre Infrastruktur nicht echtzeitfähig und ihr generalisierter Ansatz beschneidet Unternehmen um ihre Agilität in der Adaption neuer Kanäle. Wie in Tabelle 7 deutlich zu erkennen, bieten nur CDPs beziehungsweise CEPs ein Packaged System, das datenseitig performant genug ist, um den realen und stetig wachsenden Anforderungen gerecht zu werden. Einige der entsprechenden Anbieter wagen sich auch in den Bereich der Aussteuerung von Werbebotschaften über bestimmte Kanäle. Durch derartig vertikal integrierte Geschäftsmodelle nähern sich diese Anbieter den Clouds, weisen aber eine bessere Performance und mehr Flexibilität im Daten-Handling auf. Jedoch spricht neben den datenseitigen Defiziten vor allem die mangelnde Flexibilität und Agilität gegen das Cloud-Modell. Dieses Problem kann nur durch die Nutzung kanalspezifischer Nischenlösungen in einem integrierten Best-of-Breed-Ansatz umgangen werden. Unternehmen, die sich für einen solchen Ansatz entscheiden, sollten also prüfen, ob die in Frage kommenden CDP- beziehungsweise CEP-Anbieter die geforderten Funktionen im Kampagnenmanagement bereitstellen und die Integration der aktuell bestehenden und in Zukunft geplanten Infrastruktur gewährleisten können. Beim Kampagnenmanagement sollte sowohl auf Funktionen zur Kundensegmentierung als auch auf die Möglichkeit geachtet werden, Customer-Journeys aktiv gestalten zu können und dabei individuelle Kundenpräferenzen wie etwa im Hinblick auf Kanal, Frequenz und Inhalte zu berücksichtigen.

Sofern sich Unternehmen für einen integrierten Best-of-Breed-Ansatz entscheiden, sollte bei der Auswahl der richtigen CDP beziehungsweise CEP strukturiert vorgegangen werden. Denn auch wenn der Umstieg auf einen integrierten Best-of-Breed-Ansatz mit deutlich weniger Risiko verbunden ist als die Einführung einer Marketing-Cloud, so muss eine entsprechende Plattform dennoch zu den spezifischen Anforderungen des jeweiligen Unternehmens passen. Bevor eine engere Auswahl an in Frage kommenden Anbietern getroffen werden kann, sollten Unternehmen bestimmen, welche Ressourcen zur Verfügung stehen und welche Strategie verfolgt wird. Konkret bedeutet dies Klarheit über folgende Fragen: Welche Daten können erhoben werden und wie sollen diese genutzt werden? Wer wird das Tools nutzen und pflegen? Welche Kanäle werden in Zukunft benötigt? Welche Anforderungen bestehen im Kampagnenmanagement? Und nicht zuletzt: Was ist die zugrunde liegende Strategie? Denn nur wenn man sich über diese Punkte im Klaren ist, können CDPs beziehungsweise CEPs mit realistischen Beispielen getestet werden.

Beispiel-Stacks Best-of-Breed

Bevor Unternehmen sich über möglich CDP-Anbieter informieren, sollte zunächst der aktuelle und zukünftig erforderliche Technologie-Stack definiert werden. Dazu müssen folgende Fragen beantwortet werden:

1. Welche Datenquellen sind vorhanden oder werden benötigt?

2. Welche Kanäle sollen genutzt werden und welche Best-of-Breed-Lösung will man im jeweiligen Kanal einsetzen?

Abbildung 24 stellt schematisch einen Beispiel-Stack auf Basis einer CDP dar. Verschiedene Datenquellen wie Shop-Systeme, Produktdatenbanken, CRM-Systeme, Data-Warehouses, Web-Tracking-Lösungen oder kanalspezifische Auslieferungs-Tools können Daten zu Produkten und Kunden bereitstellen, auf deren Basis ein datengetriebenes CRM implementiert werden kann. Bei der Kanalauswahl müssen die spezifischen Anforderungen des Geschäftsmodells und der jeweiligen Zielgruppe berücksichtigt werden. Pro Kanal gibt es in der Regel eine ganze Reihe an spezialisierten Anbietern, wobei meist nur wenige in der Leistungsfähigkeit und im Funktionsumfang führend sind. Liegt für Unternehmen der Fokus auf der Kosteneffizienz eines Kanals, sollte dies in der Anbieterauswahl berücksichtigt werden.

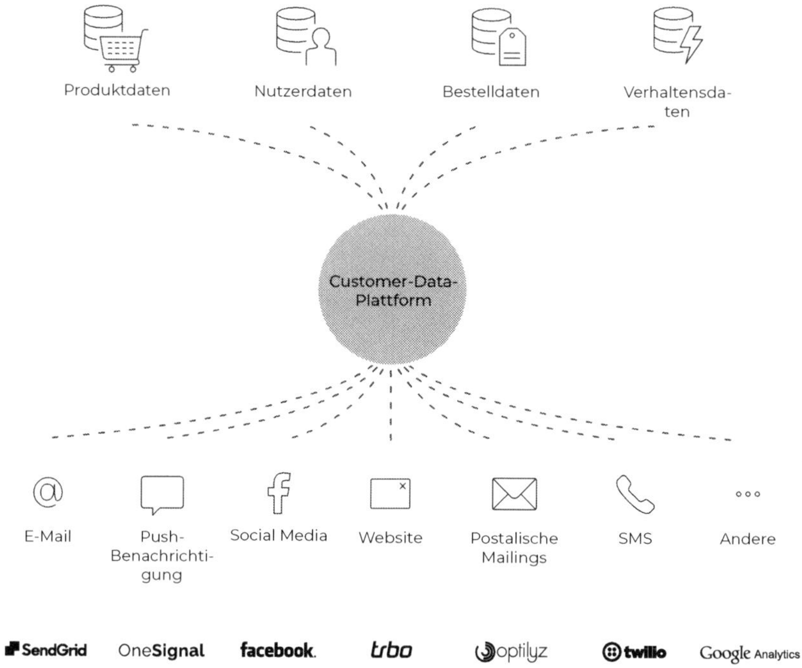

Abb. 24 Best-of-Breed-Setup mit Beispielanbietern für die Aussteuerung von Nachrichten

TOOLAUSWAHL

Zwar sprechen viele Gründe für einen integrierten Best-of-Breed-Ansatz und dieser Beitrag ist ein eindeutiges Plädoyer für entsprechende Lösungen, jedoch muss es nicht für jedes Unternehmen der richtige Ansatz sein.

Für Unternehmen, bei denen das direkte Online-Geschäft nur eine nachgestellte Bedeutung hat, können Marketing-Clouds ebenso sinnvoll sein wie für Unternehmen, bei denen Agilität nicht priorisiert wird und deren Fokus auf traditionellen Kanälen wie E-Mail oder Mobile Push liegt. Da ein integrierter Best-of-Breed-Ansatz aufgrund der Vielzahl an Tools und trotz der übergreifenden Orchestrierung mehr Ressourcen erfordert als Cloud-Lösungen, können letztere die bessere Wahl sein, wenn die entsprechenden Ressourcen nicht zur Verfügung stehen. So geht auch aus der Studie von Walker Sands (2017) hervor, dass größere Unternehmen tendenziell eher auf integrierte Best-of-Breed-Lösungen setzen, während Clouds eher von kleineren Unternehmen mit weniger Ressourcen eingesetzt werden. Ein weiteres Entscheidungskriterium ist sicherlich das Setup der bestehenden Infrastruktur beziehungsweise die Bereitwilligkeit, diese zu ersetzen. Für Unternehmen, die noch keinen großen Marketing-Stack aufgebaut haben oder die bereit sind, ihren bestehenden auszutauschen, können Cloud-Lösungen ein gangbarer Weg sein. Jedoch ist dies keine hinreichende Bedingung. Unternehmen müssen abwägen, welche Kanäle sie in Zukunft bedienen müssen und ob eine Cloud-Lösung für sie zukunftsfähig ist.

Ein integrierter Best-of-Breed-Ansatz ist in vielen Fällen die bessere Wahl, wenn es einen starken Fokus auf das Digitalgeschäft gibt. Wollen Unternehmen neuen Trends im CRM und Marketing stets agil begegnen und immer auf dem neuesten Stand der Technik sein, so sind sie mit einem integrierten Best-of-Breed-Ansatz langfristig besser aufgestellt. Denn dieser ermöglicht es, immer die neusten Kanäle zu bedienen und entsprechende Tools zu nutzen – was für Unternehmen einen Wettbewerbsvorteil bedeuten kann, solange die Konkurrenz hinterherhinkt. Zudem können die besten Tools für die individuellen Anforderungen des jeweiligen Unternehmens genutzt werden, die sich je nach Produkt und Zielgruppe unterscheiden können.

Auch der Reifegrad eines Unternehmens beziehungsweise des entsprechenden Technologie-Setups und die perspektivische Entwicklung sind Faktoren, die berücksichtigt werden sollten. So kann es für junge Firmen sinnvoll sein, mit wenigen Kanälen und Tools zu beginnen und diese in einen integrierten Best-of-Breed-Ansatz zu überführen, sobald die notwendigen Ressourcen zur Verfügung stehen. Dabei können sie schon vorher auf schlanke Software-Lösungen wie beispielsweise Zapier zurückgreifen, die dabei helfen, die wenigen zunächst genutzten Kanäle partiell aufeinander abzustimmen. So können junge Unternehmen bereits einen reduzierten Cross-Channel-Ansatz verfolgen, ohne gleich das entsprechende Budget für eine Cloud oder eine integrierte Best-of-Breed-Lösung aufbringen zu müssen. Am anderen Ende des Spektrums stehen etablierte Unternehmen, mit einem umfangreichen und an ihre Bedürfnisse angepassten Set an Tools. Ihr gesamter Tech-Stack müsste ausgetauscht werden, wenn auf eine Cloud umgestiegen wird, was mit erheblichem Risiko verbunden ist. Der Austausch bestehender Tools ist immer riskant. Wenn man bedenkt, dass allein der Austausch eines E-Mail-Tools durchaus ein Jahr dauern kann und unter Umständen auch IP-Warming betrieben werden muss, um nicht geblacklistet zu werden, bekommt man einen Eindruck davon, wie risikoreich der Austausch der gesamten bestehenden Infrastruktur ist.

Natürlich gibt es nicht nur verschiedene Ansätze, sondern auch verschiedene Anbieter. Diese sollten sorgfältig geprüft werden, bevor eine Entscheidung getroffen wird. Denn schließlich geht es nicht um ein Tool, dass zur Not einfach durch ein neues ersetzt wird. Allein die Implementierung – und bei integrierten Marketing-Suites auch die Migration der bestehenden Infrastruktur – sind tiefgehende Eingriffe, die sich nicht ohne Weiteres revidieren lassen. Nicht zuletzt geht es hier für die meisten Unternehmen um beachtliche Kosten.

Marktanalyse: Mögliche Anbieter listen

Viele Anbieter versprechen das nötige Werkzeug für kanalübergreifendes CRM und es ist nicht immer ganz offensichtlich, was die Unterschiede sind. Die oben getroffene Differenzierung verschiedener Ansätze kann als initialer Wegweiser dienen. Doch oft ist nicht ganz klar – oder es wird zumindest nicht eindeutig kommuniziert – wie Anbieter Daten und Kanäle integrieren beziehungsweise ob und welche Komponenten selbst entwickelt wurden. Auch die Qualität der technischen Infrastruktur und des entsprechenden Daten-Handlings sind nicht immer klar ersichtlich.

Neben den Informationen der Anbieter selbst sollten also auch Quellen zu Rate gezogen werden, die die notwendige Expertise mitbringen, um hier ein fundiertes und unabhängiges Urteil zu fällen. Das Marktforschungsinstitut Gartner verschafft in seinen Analysen einen guten Überblick über den Status quo der Technologielandschaft und identifiziert gleichzeitig neue Trends und Entwicklungen. Auch die Berichte von Forrester liefern hier gute Einblicke. Natürlich können auch passende Beratungsfirmen oder Agenturen herangezogen werden. Darüber hinaus sollten auch relevante Meetups wahrgenommen und das eigene Netzwerk abgeklopft werden. Nach einer umfangreichen Analyse des Marktes hat man vermutlich eine recht lange Liste mit in Frage kommenden Anbietern.

Scorecards und Short-List

Die potenziellen Kandidaten müssen nun im Hinblick auf die individuellen Anforderungen des Unternehmens geprüft werden. Einfache Scorecards helfen hier beim Vergleich. Tabelle 8 zeigt beispielhaft eine Scorecard mit verschiedenen Dimensionen. Am Ende sollten drei bis fünf Anbieter in die engere Auswahl kommen.

VENDOR	SCENARIO FIT	PARTNER FIT	FUNCTIO-NAL FIT	VALUE FIT	SCORE
A	3/4	2/4	3/4	1/4	9/16
B	1/4	4/4	4/4	2/4	11/16
C	3/4	3/4	1/4	3/4	10/16
...					

Tab. 8 Beispiel-Scorecard zur Anbieterauswahl

Anbieter testen

Die Anbieter, die es in die engere Auswahl geschafft haben, müssen nun auf Herz und Nieren getestet werden. Dabei ist es von kardinaler Bedeutung, den Bezug zur realen Situation und entsprechenden Anwendungsfällen zu berücksichtigen. Bei Produktdemos sollte dementsprechend darauf geachtet werden, dass die eigene Organisation mit ihren Teams ebenso repräsentiert ist, wie die eigenen Szenarien, Inhalte und Beispieldaten. Dürfen Anbieter ihr Produkt mit generischen Beispielen bewerben, sind diese natürlich so gewählt, dass die Vorteile verdeutlicht werden können. Jedoch ist so nicht gewährleistet, dass ihr Produkt auch in anderen und oftmals sehr spezifischen Fällen die gewünschten Lösungen und Features bereitstellt. Um einen sinnvollen Vergleich zu gewährleisten, sollten die gewählten Szenarien, Inhalte und Daten bei allen in Anspruch genommenen Produktdemos ähnlich sein. Ansonsten gilt es dezidiert nachzufragen. Besonders wenn Antworten schwammig sind oder bestimmte Aspekte ausgelassen werden sollte lohnen sich Nachfragen. Aber auch mit Blick auf die Preisgestaltung machen Nachfragen Sinn. Viele Anbieter rechnen nach der Anzahl an Kampagnen oder Nachrichten ab oder veranschlagen die Preise prozentual entsprechend der Medienausgaben oder entsprechender Gewinne. Allerdings gibt es auch Anbieter, die ihre Preise allein auf Basis des genutzten Datenvolumens berechnen.

Hat man sich ein detaillierteres Bild der verschiedenen Produkte verschafft, heißt es: Auswählen und das Beste hoffen.

RFP-TEMPLATE

Über den unten stehenden QR-Code steht ein Request-for-Proposal-Template zum Download bereit, das genutzt werden kann, um CDP-Anbieter mit Blick auf verschiedene Funktionalitäten zu vergleichen. Das Template deckt unter anderem folgende Aspekte ab:

- Engagement-Kanäle und deren Integration
- Technische Infrastruktur
- Datenintegration
- Mögliches Datenvolumen
- Funktionen zur Segmentierung
- Kanalübergreifende Kampagnenautomation
- Echtzeitkampagnen
- Predictive Optimization
- Testfunktionalitäten
- Message-Delivery
- Analytics
- Privatsphäre und Datensicherheit
- Implementierung, Onboarding und Support
- Strategische Serviceleistungen
- Produktstrategie und Vision

AUFBAU EINES MARKETING-TECHNOLOGIE-STACKS

Interview mit Alexej Antropov, Limango

> „Für uns ist es wichtig, dass sich die Kommunikation von Limango nahtlos in den Alltag unserer Kundinnen integriert."

Wie baut man einen Marketingtechnologie-Stack aus technischer Sicht auf?

Die Frage nach der sinnvollsten Option muss jedes Unternehmen für sich selbst beantworten. Für stark wachsende und mit hohem Kapital ausgestattete Unternehmen mit hoher Tech-Kompetenz kann eine Eigenentwicklung sinnvoll sein, weil sie sich nicht in Abhängigkeit begeben wollen. Für Unternehmen mit geringer Volatilität in der Anzahl ihrer Kanäle und zugleich vielen Anwendern kann eine Marketing-Cloud sinnvoll sein, weil aus Sicht des CRM-Managers Segmentierung, Kampagnenmanagement und Content-Erstellung über alle Touchpoints in einem Look und Feel erfolgt.

Der Best-of-Breed-Ansatz mit einer zentralen Customer-Data-Plattform ist für Unternehmen sinnvoll, die bei ihrem Kundendialog in der Auswahl und Anzahl der Touchpoints und Kanäle flexibel bleiben wollen, um auf ein sich änderndes Markt- und Technologieumfeld schneller reagieren zu können. Wer also mit unterschiedlichen und vielen Kanälen in den Kundendialog gehen möchte, wählt den Best-of-Breed-Ansatz.

Welche Schritte sind im Laufe des Auswahlprozesses entscheidend?

Wichtig ist beim Auswahlprozess zunächst vor allem der Austausch. Man sollte sich verschiedene Modelle ansehen. Am besten trifft man sich mit Anbietern am Markt und tauscht sich mit Unternehmen aus, die diese Anbieter bereits nutzen. Man gewinnt dabei häufig viele neue Erkenntnisse und kann am Ende die wirklich wichtigen Fragen ableiten, die es zu beantworten gilt.

Wir haben konkrete Use-Cases genutzt, um Features abzuleiten, die unsere Marketingtechnologie können muss. Dabei haben wir viel gelernt. Wichtig ist ein Abgleich der Features, die aus der bestehenden CRM-Strategie kommen und der Feature-Liste, die aus einzelnen Use-Cases entstanden ist. Ein Use-Case wäre beispielsweise ein idealtypischer Tages- oder Wochenablauf in der Kommunikation mit einem Kunden, anhand dessen definiert werden kann, welche Features oder Anbindungen wichtig sind.

Welche Teile/Lösungen sollten wann hinzugenommen werden und sollten sie gekauft oder selbst entwickelt werden? Was muss mit Blick auf die Reife des jeweiligen Unternehmens beachtet werden?

Generell sollte man als Unternehmen unabhängig von der Reife stetig hinterfragen, ob der angebunden Dienstleister beziehungsweise Spezialist aktuell der Richtige ist. Stellt man fest, dass man von einem angebundenen Anbieter immer nur ein Feature nutzt, dann sollte man die Frage stellen, ob es nicht sinnvoll ist, diese spezielle Funktion zur Kernkompetenz zu erklären und selbst inhouse zu entwickeln. Wir haben bei Limango zum Beispiel eine sehr spezielle Content-Erstellung für unseren Newsletter. Hier verwenden wir deshalb nicht das Feature unseres E-Mail-Dienstleisters, sondern haben für das Template-Handling von Newsletter-Content ein eigenes System gebaut. Die Customer-Data-Plattform zieht sich die Templates dann entsprechend aus unserem System und reicht ihn zusammen mit dem Segment an unseren Versender weiter.

Worauf sollte beim entsprechenden Projektmanagement geachtet werden? Welche Rollen und Aufgaben haben Teams in den Bereichen CRM- und Marketing?

Man darf nicht die Komplexität der eigenen Datensilos und vor allem das Aufbrechen dieser Silos unterschätzen. Um Herr der eigenen Daten zu werden und die bestehenden Daten in eine Customer-Data-Plattform zu überführen, ist doch ein erheblicher Aufwand notwendig.

Hinsichtlich der eigenen Organisation ist es wirklich wichtig, sich bewusst zu sein, dass die Einführung einer Customer-Data-Plattform ein umfassendes Change-Management-Projekt sein kann. Die Mitarbeiter, gerade die CRM-Manager als Anwender, müssen so früh wie möglich ins Boot geholt und für das Thema sensibilisiert werden. Während ein CRM-Manager bei uns beispielsweise früher täglich einen Newsletter und einen Onsite-Kanal bedient hat, werden künftig bei gleicher Mannstärke doppelt oder drei Mal so viele Kanäle bedient. Zudem müssen sie mehr Content in Form von Text und Bildern erstellen und natürlich mehr Kommunikation betreiben als bisher. Hier muss man sich als Unternehmen ansehen, wie man aufgestellt ist und inwiefern sich die Rollen der CRM-Manager dadurch verändern. Man kann das CRM-Team dann dementsprechend anders aufteilen und organisieren. Eine mögliche Aufteilung, die sich anbietet, sind zum Beispiel „Tool-Master", die sich mit den Tools beschäftigen, und kreativ beziehungsweise kommunikative CRM-Manager, die sich mit den Stories beschäftigen, die sie dem Kunden via Text, Bild und Video erzählen möchten. So werden Kampagnen dann gemeinsam auf- und umgesetzt.

Wenn man sich für einen Best-of-Breed-Ansatz entschieden hat, ist zudem besonders viel Abstimmung mit und zwischen den Anbietern erforderlich. Diese ist sehr zeitintensiv und benötigt einen Projektmanager auf Unternehmensseite, um alle involvierten Drittanbieter zu managen. Dieses Thema fällt bei der Nutzung einer Marketing-Cloud oder einer Eigenentwicklung natürlich weg.

Welche Rolle spielt der anbieterseitige Support?

Wenn man sich gegen eine Eigenentwicklung entscheidet, spielt dies eine große Rolle – sowohl für die Integrationsphase als auch für die Betriebsphase. Bei einem Best-of-Breed-Ansatz ist es außerdem wichtig, dass Anbieter gewillt und in der Lage sind, in der Integrationsphase miteinander zu sprechen um die Use-Cases des Unternehmens erfüllen zu können. Das fällt für mich auch unter Anbieter-Support.

Wichtig ist vor allem, dass der Anbieter die Use-Cases entsprechend bearbeiten und im konkreten Fall sogar beraten kann. Nicht nur im Sinne von einfachen technischen Fragen, sondern auch in Bezug darauf, wie ein Business-Problem durch die entsprechende Software besser gelöst werden kann. Die Inspiration dazu kann anbieterseitig auch über Beispiel-Cases, die andere Unternehmen erfolgreich gelöst haben, kommen. Da Anbieter ja Einblick in verschiedene Unternehmen haben, ergeben sich da manchmal neue Ideen und Wege.

Das liegt auch immer am Unternehmen selbst, den eigenen Anbieter dahingehend zu fordern und diesen beratenden Support einzufordern.

Vor dem Hintergrund, dass sich die Technologielandschaft im CRM und Marketing mit rasantem Momentum entwickelt: Wie können Unternehmen sicherstellen, dass ihre Technologiewahl auch langfristig die richtige Entscheidung ist?

Der Best-of-Breed-Ansatz ist hier eine gute Möglichkeit, um langfristig agil zu bleiben. Zum einen können immer weitere Anbieter ergänzt werden, zum anderen können einzelne Features wie oben schon erwähnt in Eigenentwicklung aufgesetzt und an die Customer-Data-Plattform angebunden werden. Das ermöglicht auch dann eine gewisse Flexibilität, wenn man als Unternehmen noch keine festen Kanäle etabliert hat und auch mal neue Kanäle testet und im Zweifelsfall wieder einstellt. Vor allem ist es wichtig, den aktuellen Tech-Stack regelmäßig zu hinterfragen.

Organisation

Ein konsequent verfolgter Cross-Channel-Ansatz sollte sich auch in der organisatorischen Aufhängung widerspiegeln. Traditionell entwickeln verschiedene Marketing-Teams Kampagnen für ihren jeweiligen Kanal, steuern diese aus und optimieren sie. Da Kampagnen im Cross-Channel-Marketing per Definition potenziell über mehrere Kanäle ausgesteuert werden, muss das Kampagnenmanagement den jeweiligen Kanälen übergeordnet sein. Diese Rolle kann von einem dedizierten Audience-Manager beziehungsweise Cross-Channel-Campaign-Manager oder einem entsprechenden Team übernommen werden. Während auf dieser Instanz Kampagnen global entwickelt werden, kümmern sich die jeweiligen Teams um die Umsetzung und das kanalspezifische Testen verschiedener Werbemittel. In der kanalübergreifenden Optimierung sollten dann die in jedem Kanal gewonnenen Erkenntnisse berücksichtigt werden. Allgemein lässt sich sagen, dass alle Prozesse und Aufgaben, die Auswirkungen auf mehr als einen Kanal haben in den Verantwortungsbereich des Audience-Managers fallen sollten, während kanalspezifische Aspekte in der Hand des jeweiligen Teams bleiben.

Neben einer nicht adäquaten organisatorischen Aufhängung ist fehlender Management-Support der häufigste Grund für Defizite in der Umsetzung eines Cross-Channel-Ansatzes (Raab, 2017 b). Selbst die besten Tools bringen nichts, ohne die richtigen Fachkräfte und eine Organisationsstruktur, die dem Ansatz gerecht wird. Häufig sind aber auch Mängel in der Strategie das Problem.

KONSISTENTE KUNDEN-ANSPRACHE DURCH ZENTRALISIERTE STRUKTUREN

Die Zielsetzung einer kanalübergreifend konsistenten Kundenansprache impliziert die Rolle eines dedizierten Audience- beziehungsweise Kampagnenmanagers. Nur durch eine den Kanalteams übergeordnete Instanz können Silos aufgebrochen und die Kommunikation zentralisiert werden. Traditionell arbeiten Kanalteams recht isoliert – von der Kampagnenplanung über die Aussteuerung bis zum Testen und Optimieren – und sind wenig aufeinander abgestimmt. Durch die Rolle eines Audience- beziehungsweise Kampagnenmanagers wird eine zentrale Instanz geschaffen, die einerseits die Konsistenz der Ansprache über alle Kanäle hinweg sicherstellt und andererseits auch als Schnittstelle zu anderen Teams fungiert. Wir können uns diesen Funktionsbereich als eine Art Advokat der Kunden vorstellen, der sicherstellt, dass CRM-Maßnahmen der modernen, non-linearen Customer-Journey und den Interaktionen an allen Kontaktpunkten Rechnung trägt.

Um eine konsistente kanalübergreifende Kundenansprache sicherzustellen, können zwei Dimensionen als Leitfäden für eine entsprechende Organisationsstruktur dienen: Zum einen der Customer-Lifecycle und zum anderen der Kampagnen-Workflow.

Der Customer-Lifecycle

Unterschiedliche Phasen im Customer-Lifecycle verlangen unterschiedliche Ansätze und Kampagnen. So sind in der Akquirierung andere Maßnahmen effektiv, als etwa im Onboarding oder in der Kundenbindung beziehungsweise Reaktivierung. Es kann dabei durchaus sinnvoll sein, für jede Phase des Customer-Lifecycle einen dedizierten Audience- beziehungsweise Kampagnenmanager einzusetzen. Dann sollte jedoch besonderes Augenmerk auf das phasenübergreifende Management gelegt werden.

Der Kampagnen-Workflow

Als zweite Dimension sollte der Kampagnen-Workflow berücksichtigt werden, der sich grob in drei Phasen unterteilen lässt: Kampagnen-Input, Kampagnenentscheidung/-entwicklung und die Durchführung der Kampagnen. Unterschiedliche Teams – wie etwa Sales und Produkt – liefern Input, der dann vom Audience- beziehungsweise Kampagnenmanagern in entsprechende Kampagnen übersetzt wird, während die Aussteuerung und die spezifische Content-Creation dann von den entsprechenden Kanalteams übernommen wird. Die Erkenntnisse aus den einzelnen Kanälen sollte dann wiederum in die übergreifende Optimierung einfließen.

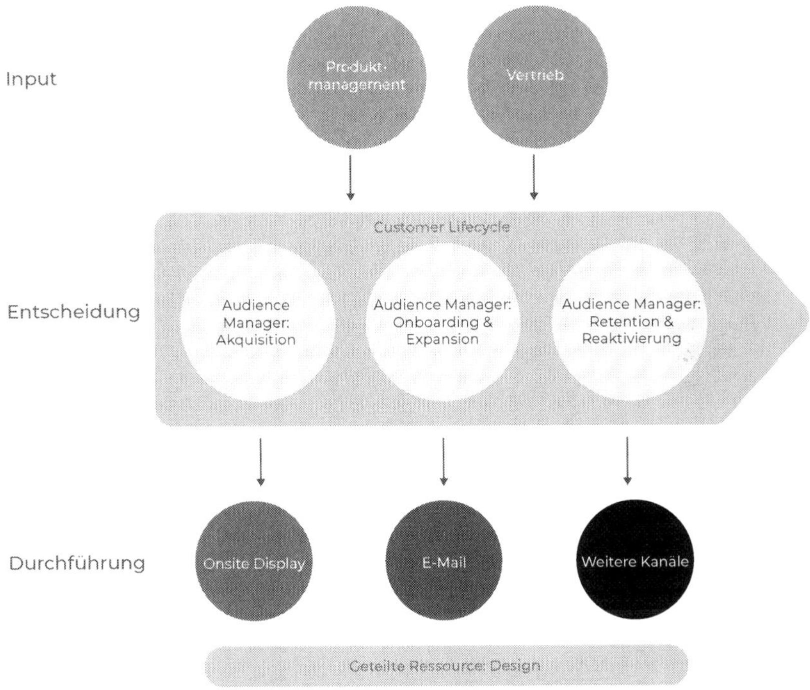

Abb. 25 Teamstruktur für kanalübergreifendes Kampagnenmanagement

Natürlich stellt das beschrieben Rahmenwerk lediglich eine grobe Orientierung bereit und muss entsprechend der unternehmensspezifischen Anforderungen granularer ausgearbeitet werden – So müssen beispielsweise auch die Bereiche Content-Creation oder Business-Intelligence mitgedacht werden.

ORGANISATION AM BEISPIEL DER DEUTSCHEN BAHN

Beitrag von Marius Busen in Kooperation mit Henrika Meusert, DB Vertrieb

Die Deutsche Bahn (DB) ist das größte Eisenbahnverkehrs- und Eisenbahninfrastrukturunternehmen in Mitteleuropa und sowohl national als auch international tätig. Mit einem Konzernumsatz von über 40 Milliarden Euro sowie mehr als vier Milliarden beförderten Reisenden und 323.000 Mitarbeitern weltweit wurde das Unternehmen bereits früh mit den Herausforderungen der sich schnell verändernden Kunden-, Markt- und Technologieanforderungen konfrontiert (Deutsche Bahn AG, 2018). Wie dies in der Praxis aussehen kann, zeigt das Beispiel der DB Vertrieb GmbH, einer Tochter der Deutschen Bahn. Sie verantwortet den Vertrieb, After-Sales-Leistungen und die Kundeninformation des Personenverkehrs der DB. Dazu zählen auch das Management und die Weiterentwicklung der digitalen Portale bahn.de und DB Navigator, das digitale Marketing und das Bestandskundenmanagement/CRM.

Den Herausforderungen der Digitalisierung hat sich DB Vertrieb rechtzeitig gestellt, konnte die vertrieblichen Kerngeschäftsprozesse erfolgreich digitalisieren und um einen modernen, digitalen Marketing-Mix ergänzen. Bereits 1997 wurde die Bedeutung eines digitalen Vertriebs erkannt und mit der Entwicklung der Webseite bahn.de und des digitalen Ticketverkaufs begonnen.

Die Entwicklung dieser digitalen Portale ist eng mit den digitalen Marketing-Disziplinen, dem Content- und Media-Management und Business-Intelligence-Funktionen gekoppelt und organisatorisch in einem Bereich zusammengeführt. Die Teilbereiche stehen unter gemeinsamer Leitung, nutzen gleiche Methoden und sind ganzheitlich strategisch ausgerichtet. Im Fokus stehen vor allem die agile, kundenzentrierte Produkt- und Serviceentwicklung, eine hohe Performance-Orientierung, der Kompetenzaufbau im datenbasierten Marketing und eine Cross-Channel-Kommunikationsstrategie. Trotz der hohen Komplexität sind diese Prozesse durch eine gemeinsame Vision, Ziele, Kennzahlen und eine übergreifende Priorisierung umsetzbar. Unterstützend kommen immer stärker agile Methoden zum Einsatz, sowohl in der klassischen Software-Entwicklung als auch Priorisierungsmethoden oder Workflow-Organisation in den Bereichen Analytics und Kampagnenmanagement.

Die Weichen für den Kompetenzaufbau im datenbasierten Marketing wurden in den Jahre 2015/2016 gestellt. Es wurde ein noch stärkerer Fokus auf das digitale Marketing gelegt, das durch den Kauf fortschrittlicher Technologien ausgebaut wurde. Im Rahmen des Transformationsprozesses hat sich DB Vertrieb für den Aufbau einer Data-Management-Platform (DMP) sowie einer Customer-Data-Platform (CDP) entschieden. Diese Werkzeuge werden seit 2017 operativ genutzt, wobei der Einsatz konstant intensiviert und optimiert wird.

Implikationen und Auswirkungen auf die Organisationsstruktur und Rollenprofile

Eine erfolgreich umgesetzte Strategie, hin zu einem agilen und kundenzentrierten Vertrieb, setzt zwangsläufig sich gleichzeitig verändernde Organisationsstrukturen und Rollenprofile voraus. In einem progressiv digital ausgerichteten Unternehmen entstehen neue Rollen, existierende Rollen ändern sich und feste Teamstrukturen werden aufgebrochen. Eine agile Softwareentwicklung lässt beispielsweise Rollen wie den Scrum-Master oder Product-Owner entstehen. Rollen wie diese finden in traditionellen Unternehmen selten Platz, sind aber für moderne digitale Unternehmen essenziell.

Die stark veränderten Kundenbedürfnisse, getrieben durch die Entwicklung von Social Media, Mobile Computing etc., haben zwar das Verständnis für die Bedeutung von CRM gefördert, die Komplexität allerdings stark erhöht. Um moderne CRM-Strategien erfolgreich einzuführen, bedarf es neben der Unterstützung des Top-Managements auch eines funktionsübergreifenden „Knowledge Managements“ (KM) beziehungsweise „Customer Knowledge Managements“ (CKM). Nur bei erfolgreichem KM/CKM über verschiedene Unternehmensabteilungen hinweg können langfristige profitable Kundenbeziehungen aufgebaut und erhalten werden (Jaber & Simkin, 2017).

Als gute Beispiele hierfür dienen die Marketing- und die IT-Abteilung. Die Entstehung neuer Technologien verbunden mit volatilen Kundenpräferenzen hat nicht nur dazu geführt, dass Unternehmen immer mehr Daten über Kundenpräferenzen, Kundenverhalten und deren Käufe sammeln müssen, um zukünftige Käufe vorauszusagen und Produkte zielgenauer anzubieten. Es hat auch dazu geführt, dass das Marketing und die IT immer stärker miteinander verschmelzen (Cambra-Fierroa, Centenob, Olavarriaa, & Vazquez-Carrasco, 2017).

Bei der DB Vertrieb GmbH wird dieser Ansatz ebenfalls verfolgt. Es wird verstärkt auf den Kompetenzaufbau im datenbasierten Marketing und funktionsübergreifende Koordinationsrollen gesetzt. Wo in der Vergangenheit die Hoheit über Auswahl und Nutzung von Technologien in der IT lag, besitzt das Marketing nun auch die Kompetenzen für den Einsatz definierter Anwendungen. Tools wie Customer-Data-Plattformen ermöglichen es, unabhängig und schnell auf relevante Daten wie z.B. Produkt-, Bestell-, Kunden- oder Kampagnendaten zuzugreifen und diese für den Ausbau der Kundenbasis, für eine optimierte individualisierte Ansprache und einen gesteigerten CRM-Wertbeitrag einzusetzen.

Geänderte Rolle des Kampagnenmanagers

Da sich die IT-Kompetenzen zunehmend in die Marketingabteilung verlagern, sind eine veränderte Teamstruktur und ein neues Anforderungsprofil einzelner Rollen erforderlich. Bis zum Jahr 2015 standen bei den Kampagnenmanagern im CRM-Team der DB Vertrieb gestalterisch-kreative Kompetenzen und sprachliches Ausdrucksvermögen im Mittelpunkt – ein ähnliches Rollenprofil wie der Content-Manager oder Redakteur – mit einem Fokus auf der E-Mail-Kommunikation. Die für CRM-Kampagnen benötigten Zielgruppensegmente wurden von einem Business-Intelligence-Spezialisten analysiert und bereitgestellt. Durch die geänderte Strategie hin zu einem Cross-Channel-Ansatz und die Einführung einer CDP veränderten sich die Rollen deutlich. Der Kompetenzbereich eines Kampagnenmanagers kann nun eine ganzheitliche Verantwortung für die Bereiche Entwicklung neuer Kampagnenideen, datenbasierte Potenzialanalyse, Segmentbildung, Kampagnenkonfiguration/-start und Erfolgsauswertung umfassen. In der Praxis werden die Mitarbeiter schrittweise in diese Rolle hineinwachsen und brauchen Unterstützung, bis sie die Selfservice-Konfigurationsmöglichkeiten der CDP selbstsicher anwenden. Durch automatisierte Mechanismen wie Trigger-Kampagnen werden die Prozesse effizienter und mehr Zeit für die Analyse und Optimierung der Kampagnenergebnisse geschaffen.

Bei DB Vertrieb wird der Kampagnenmanager durch weitere Rollen unterstützt. Der kanalspezifische Kampagnen-Content wird durch einen Content-Manager zugeliefert, der innerhalb der Abteilung Content- und Media-Management angesiedelt ist, und dort die Personalisierungskampagnen verantwortet. Die Planung und Abstimmung der Kommunikationsaktivitäten durchläuft in einem großen Unternehmen wie der Deutschen Bahn feste Prozesse. Aus diesem Grund wurde die Rolle „CRM Kampagnensteuerung" ins Leben gerufen. Sie kümmert sich um die Definition von Zielen für die Entwicklung des Kundenstamms, Potenzialberechnung des CRM Wertbeitrags, Ableitung eines Halbjahreskampagnenplans und die Abstimmung mit den internen Stakeholdern. Als Ergebnis des Planungsprozesses sind die Ziele, das Kampagnenspektrum und die Ressourceneinteilung der Kampagnenmanager definiert. Dies schafft in den operativen Rollen mehr Freiraum, um die neuen technischen Konfigurationsaufgaben zu professionalisieren. Darüber hinaus gibt es im CRM-Team einen Data-Scientist (verantwortet komplexere Analysen auf Basis von Data-Mining-Verfahren) und einen Analysten (verantwortet den Aufsatz von Selfservice-Dashboards).

Im Rahmen des Technologieaufbaus entstand auch eine neue Rolle: der CRM-Application-Manager. Er übernahm die technische Projektleitung im Zuge der

Tool-Implementierungsphase sowie für den zukünftigen Ausbau des Tool-Stacks. Außerdem unterstützt er die Kampagnenmanager, wenn Fehler in den operativen Kampagnenprozessen auftreten.

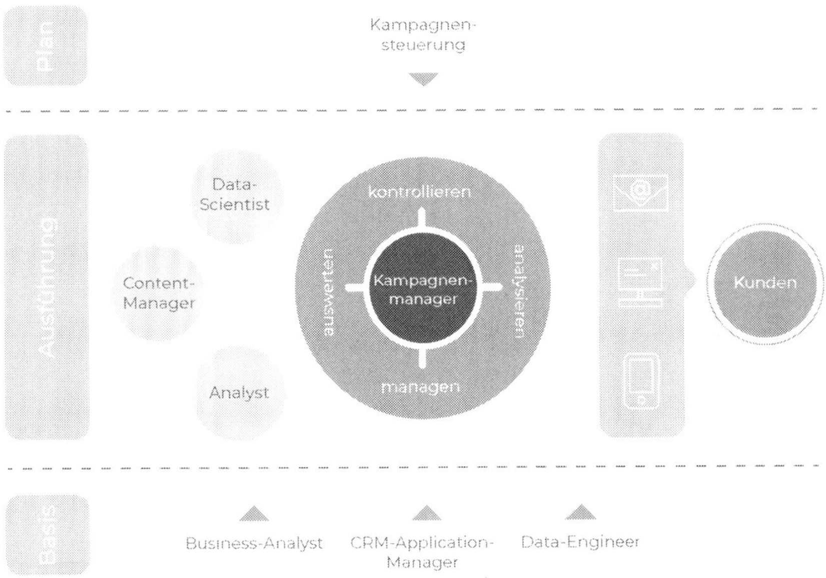

Abb. 26 Veränderung der Rolle des Kampagnenmanagers

Orientierung des CRM anhand des Customer-Lifecycles

Für ein optimales CRM mit der Ausspielung von relevanten Botschaften, wird bei der DB Vertrieb GmbH der Kundenstamm analysiert und in Segmente nach den Kriterien Wertigkeit und Customer-Lifecycle unterteilt. Die Phasen, die ein Kunde durchläuft werden in folgendem Schaubild dargestellt.

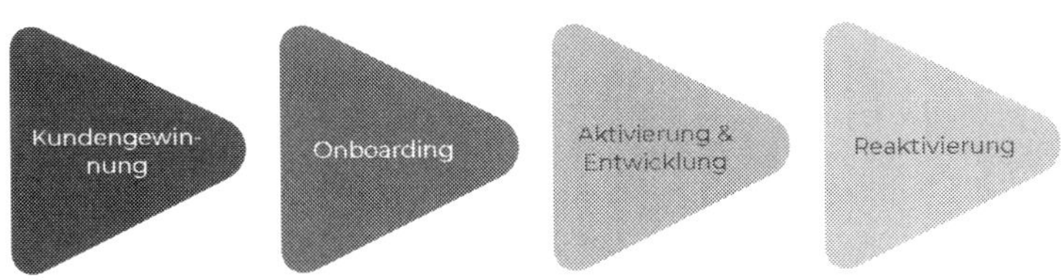

Abb. 27 Phasen des Customer-Lifecycles

Die Entwicklung von Kampagnen orientiert sich an diesem Customer-Lifecycle. Dadurch erhält der Kunde die, nach seinem individuellen Status, relevante Botschaft zum richtigen Zeitpunkt. Denn je nach Phase des Kundenlebens werden andere Ziele verfolgt. Im Rahmen der Kundengewinnungs- und Onboardingphase steht im Vordergrund, die Verkehrsmittelwahl zu bestätigen und die Vorteile des Reisens mit der Deutschen Bahn im Fern-, Regional- und Verbundverkehr zu transportieren. In der Entwicklungsphase liegt ein höheres Kundenwissen vor und es werden gezielt Angebote unterbreitet, für die der Kunde affin ist.

Im CRM der DB Vertrieb GmbH hat sich die Customer-Lifecycle-Methode etabliert. Andere Kommunikationsabteilungen orientieren sich stärker an Persona-Modellen als Basis für das Marketing. Da das CRM erst greift, sobald der Kunde sich aktiv für ein Kundenkonto oder den Newsletter registriert hat, kann eine übergreifend gültige Methodik sinnvoll sein, um inkonsistente Werbebotschaften zu vermeiden.

Abhängigkeiten und Schnittstellen zu anderen Teams

Priorität liegt bei der DB Vertrieb GmbH auf der zentralen Kommunikationsplanung. Es findet eine enge Abstimmung zwischen dem Portalmanagement, Online-Marketing, CRM, den Kommunikationsabteilungen von DB Fernverkehr, DB Regio und der Konzernkommunikation statt. Die Kommunikation von neuen Preisangeboten, Produktfunktionen oder Services wird genau geplant und abgestimmt. Eine zielgruppenspezifische Ansprache über die verschiedenen digitalen Kanäle erfordert es, Botschaften, Zeitpunkte und Kanäle zu orchestrieren. Um dies zu gewährleisten, gibt es bei DB Vertrieb ein Team, das übergreifend die Kommunikation koordiniert. Das Key-Account-Management (KAM) ist für die Bedarfsklärung verantwortlich, wenn Inhalte auf den digitalen Kanälen kommuniziert werden sollen. Diese werden im Anschluss an die digitalen Kommunikationsdisziplinen (CRM-Team, Performance-Marketing-Team, Redaktion etc.) weitergetragen. Dabei gibt es feste Austauschformate der KAMs mit den operativen Marketing-/ Kampagnenmanagern, zum Beispiel die zweiwöchentliche Planung.

Implikationen der Technologieauswahl auf den Organisationsaufbau

Hier folgt die Deutsche Bahn dem Ansatz, der in der Fachliteratur empfohlen wird. Die Technologie muss der Strategie folgen sowie vom Management getragen und durch die nötigen Ressourcen unterstützt werden (Pozza, Goetz, & Sahut, 2018; Cambra-Fierroa, Centenob, Olavarriaa, & Vazquez-Carrasco, 2017; Lee, Shiue, &Chen, 2016; Jaber &Simkin, 2017).

Im Rahmen einer CRM Strategie müssen zunächst die CRM-Ziele und priorisierten Kundensegmente festgelegt und deren Erreichbarkeit sichergestellt werden. Bei der DB Vertrieb GmbH basierte das CRM bis zum Jahr 2015 rein auf dem E-Mail-Marketing. Ein Neuaufsatz der CRM-Strategie rückte die Ziele in den Fokus, eine größere Reichweite in der Bestandskundenkommunikation aufzubauen und individualisierte Botschaften auf den Kanälen E-Mail, Webseite und App gezielt aufeinander abzustimmen. Der Strategie folgend war ein neues Tool-Setting erforderlich, um den Kundenstamm von über 15 Millionen registrierten Kunden auf den Portalen bahn.de und DB Navigator im Rahmen einer Cross-Channel-Kommunikation anzusprechen. Man entschied sich für den Einsatz von CrossEngage als Customer-Data-Platform (CDP) mit kanalübergreifender Kampagnensteuerungslogik. Die bestehende E-Mail-Lösung und das A/B-Testing-Tool wurden an die CDP angebunden und damit die Auslieferung in die gewünschten Kanäle E-Mail, Webseite und App realisiert.

In der Tool-Implementierungsphase gab es primär einen Engpass: Interne technische Ressourcen. Die neuen Expertenrollen, die parallel zur Implementierungsphase im Marketing aufgebaut wurden, waren nicht ausreichend personell besetzt. Engpass waren vor allem interne Datenspezialisten und Application-Manager für den Aufbau der Schnittstellen im Marketing-Tool-Stack. Dies konnte stellenweise durch den Einsatz spezialisierter Beratungsfirmen kompensiert werden. Ebenfalls herausfordernd war die Implementierung parallel zum laufenden operativen Kampagnenbetrieb. Die Kampagnenfrequenz musste verringert werden, da operative Kampagnenmanager als fachliche Projektleiter für die optimale Konfiguration der Selfservice-Funktionen erforderlich waren.

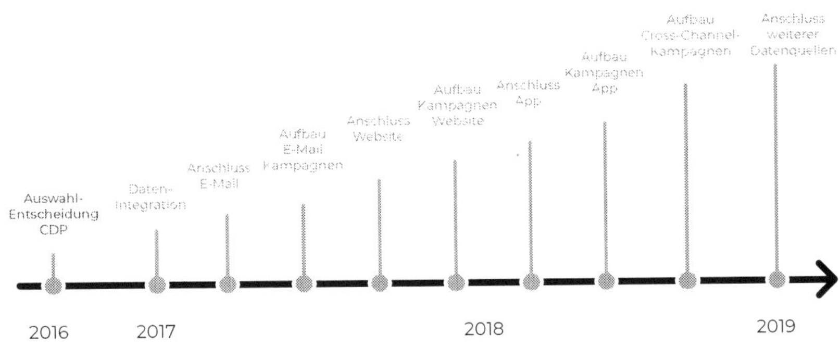

Abb. 28 Implementierungsschritte am Beispiel der DB Vertrieb

Obwohl der Einsatz von Tools wie CrossEngage im Rahmen operativer Marketingprozesse für nicht-technische Marketer ausgelegt ist, erfordert die Implementierung oder Integration neuer Datenquellen ein tiefgehendes technisches Verständnis sowie Programmierkenntnisse. Es kann deshalb für Unternehmen, die eine gewisse Größe erreicht haben oder einen „Integrierten Best-of-Breed"-Ansatz verfolgen, sinnvoll sein, ein eigenes unternehmensinternes Team ausschließlich für die Auswahl, Implementierung, Datenintegration inkl. Test- und Qualitätsmanagement sowie Instandhaltung dieser Technologien aufzubauen.

Diese Herangehensweise scheint vordergründig zwei Vorteile zu haben. Zum einen verhindert sie den Abzug von Ressourcen aus dem operativen Tagesgeschäft im Kampagnenmanagement, vor allem bei großen Implementierungsprojekten. Es wird ein Umfeld geschaffen, in dem Marketing-Manager sich auf die Entwicklung neuer Kampagnen, Potenzialanalysen, Durchführung und Performance-Optimierung fokussieren können. Zum anderen unterstützt ein technisches Expertenteam den effizienten und erfolgreichen Implementierungsablauf sowie die optimale Tool-Nutzung durch das volle Ausschöpfen des Potenzials. Große Unternehmen laufen eher Gefahr, viele verschiedene Tools zu nutzen, die zum Teil redundant sind, da sie nicht in vollem Umfang genutzt werden.

Analog zu dem Kampagnenmanager entstehen auch abteilungsübergreifend neue Rollen und Strukturen durch die sich wandelnde Technologielandschaft. Experten, die sowohl das technische Verständnis haben, komplexe Technologien zu durchdringen und zu implementieren, als auch die operativen Bedürfnisse einer modernen Marketingabteilung verstehen, werden zunehmend erforderlich sein. Gerade während sich die Technologielandschaft so schnell entwickelt wie aktuell. Bei weit über 6.000 Technologieanbietern können Marketingabteilungen unmöglich selbst den exakten Überblick behalten, welche Tools sie sinnvoll einsetzen könnten. Hier bedarf es einer übergeordneten Rolle, die ebenfalls in der Lage ist Technologie im gesamten Unternehmenskontext einzuordnen und Entscheidungen zu treffen.

Kanalnutzung und Schaffung von Kundenmehrwert

Im CRM der DB Vertrieb GmbH werden drei Kommunikationskanäle genutzt: E-Mail, Webseiten- und App-Personalisierung. Derzeit werden Mobile-Push-Notifications und SMS noch nicht genutzt, stehen aber auf der Entwicklungsroadmap.

Das E-Mail-Marketing ist der Hauptkanal der CRM Kommunikation. Er leistet einen wichtigen Wertbeitrag im digitalen Marketing-Mix. Der bahn.de-Newsletter besitzt eine hohe Akzeptanz bei den Kunden und ist die erste Informationsquelle für Angebote, Sonderaktionen, Gewinnspiele etc. Aus diesem Grund wurde E-Mail als erster Kanal an die CDP angebunden. Im Anschluss wurde aufgrund der hohen Reichweite von 15 Millionen registrierten Bestandskunden die Webseiten- und App-Personalisierung priorisiert. Die Webseiten-Implementierung ist abgeschlossen. Die Schnittstelle in den DB Navigator wird zum Jahresende 2018 realisiert sein. Der DB Navigator ist ein wichtiger Kontaktpunkt mit einem hohen Kundenmehrwert. Als digitaler Reisebegleiter sorgt er dafür, dass Zugang zur Mobilität im Fern-, Regional- und öffentlichen Nahverkehr jederzeit über das eigene Smartphone zugänglich ist und alle Informationen rund um die Reise verfügbar sind.

Nachdem alle drei Kanäle mit der CDP verbunden sind, bieten sich für Kampagnenmanager neue Möglichkeiten durch Cross-Channel-Orchestrierung. Eine individuelle Botschaft, zum Beispiel im Rahmen der Kunden-Entwicklungsphase, wird in mehrere Kommunikationsanstöße auf mindestens zwei Kanälen ausgesendet. Beispielsweise werden Kunden, die den DB Navigator nutzen, in bestimmten Postleitzahlen-Gebieten wohnen oder bestimmte Start-/Zielbahnhofs-Kombinationen gebucht haben, darauf hingewiesen, dass sie Tickets für Reisen innerhalb von Verkehrsverbünden mit Bus, Straßenbahn oder U-Bahn auch im DB Navigator als digitales Ticket kaufen können. Man muss sich nicht mehr am Start- oder Zielbahnhof der Reise ein Ticket am Automaten kaufen, sondern bucht bequem und schnell auf dem eigenen Smartphone mit dem hinterlegten Kundenprofil. Der erste Anstoß erfolgt per E-Mail. Bei der nächsten Nutzung des DB Navigators wird der Hinweis zusätzlich in der App ausgespielt, wenn der gewählte Start- und Zielbahnhof innerhalb eines integrierten Verbundgebiets liegt. Da die Deutsche Bahn mit ihren Mobilitätsleistungen die gesamte Reisekette abdeckt, ergeben sich weitere Up- und Cross-Sell-Möglichkeiten für Kunden, die bisher nur eine spezifische Leistung nutzen (zum Beispiel nur Fernverkehr, nur 2. Klasse-Tickets oder nur Regionalverkehr). Durch eine Cross-Channel-Strategie wird sichergestellt, dass Kunden konsistente und relevante Nachrichten erhalten. Blockierungsregeln vermeiden eine zu hohe Frequenz in der Kundenansprache.

Messbarkeit

Ein großer Vorteil des digitalen Marketings gegenüber Offline-Marketing (TV, Print etc.) ist neben einem geringeren Streuverlust, die Messbarkeit.

Die DB Vertrieb GmbH hat klare Ziele für ihr CRM definiert:

1. Reichweitenaufbau
2. Steigerung des Wertbeitrags der CRM Maßnahmen
3. Verbesserung der Kundenzufriedenheit

Bezogen auf die CRM-Abteilung als Ganzes ist für jedes Ziel eine Kennzahl und ein Jahres-Zielwert definiert. Der Reichweitenaufbau wird anhand der Anzahl der aktiven registrierten Kunden und der Einwilligungen in die E-Mail Kommunikation gemessen. Der Umsatz, der auf CRM Kommunikation zurückzuführen ist, definiert den CRM Wertbeitrag. Die Kundenzufriedenheit wird auf Basis der Zufriedenheit mit dem Ticketkauf auf bahn.de und im DB Navigator monatlich gemessen. Eine spezifische Zufriedenheit mit der CRM Kommunikation wird einmal jährlich erhoben.

Zukünftig soll der Kundenwert beziehungsweise die Steigerung des Kundenwertes als Kennzahl implementiert werden. Ein erster Prototyp eines Kundenwertes wurde auf Basis der Methode „Recency-Frequency-Monetary" (RFM) ermittelt. Eine kontinuierliche Verankerung und Monitoring dieser Kennzahl ist geplant. Anhand des Kundenwertes lassen sich auf einer hohen Aggregationsebene positive/negative Entwicklungs- und Wanderungsbewegungen im eigenen Kundenstamm beurteilen.

MARKETINGTECHNOLOGIE ALS NEUES AUFGABENFELD

In einer digitalen Welt ist Software das wichtigste Mittel, um Interessenten anzusprechen und gewinnbringende Beziehungen zu Kunden aufzubauen. Die Wahl der Software, ihre Konfiguration und Bedienung sowie die kreative Anwendung durch das Team haben einen wesentlichen Einfluss darauf, wie das Unternehmen seine Zielgruppe wahrnimmt beziehungsweise beeinflusst und wie die Zielgruppe das Unternehmen sieht. Der Bedeutungszuwachs digitaler Kontaktpunkte hat dazu geführt, dass ein steigender Anteil des Marketingbudgets für die notwendige Technologie reserviert wird und dass sich zunehmend Überschneidungen zwischen Marketing und IT herausbilden. Um in diesem Lichte einen holistischen Ansatz zu verfolgen, führen immer mehr Unternehmen Positionen ein, deren Fokus auf den technologischen Aspekten im Marketing liegt und die als Schnittstellen zwischen Business, Marketing und IT agieren.

Interview mit Maximilian H. Nierhoff, Fashionette

Was genau ist unter Berufsbezeichnungen wie Head of Marketing Technology oder Chief Marketing Technologist zu verstehen?

Darunter kann man sich in erster Linie eine Person vorstellen, die sich vorrangig um die eingesetzte Marketingtechnologie in einem Unternehmen kümmert. Hier bei Fashionette kam vor etwa einem Jahr die Idee auf, eine dezidierte Abteilung für Marketing-Technology aufzusetzen. Ich haben den Ansatz, Marketingtechnologie in allen Disziplinen mit einzubinden, in den USA schon länger beobachtet und es gibt dort in vielen Unternehmen häufig einen eigenen Bereich, der sich um diese Themen kümmert.

In Deutschland ist diese Herangehensweise, die ich für sehr modern halte, allerdings noch nicht so häufig verbreitet. Als mich die Geschäftsführung ansprach, ob ich mir vorstellen könnte, eine entsprechende Abteilung bei Fashionette aufzubauen und zu leiten, war das aufgrund meiner beruflichen Interessenlage der richtige Schritt.

Wieso braucht es diese Rolle?

Marketing ist allgemein in den letzten Jahren immer technologischer und somit auch komplexer geworden. Klassisches Offline-Marketing war in der Vergangenheit kaum valide messbar und es gab wenige entsprechende Tools, die man einsetzen konnte, um die tatsächliche Wirkung von Werbekampagnen sinnstiftend zu messen. Die fortschreitende Digitalisierung, insbesondere in punkto Marketing und

Ansprachemöglichkeiten von Neu- und Bestandskunden, haben die Anforderungen und auch sozusagen das „daily going" von klassischen Marketing-Managern massiv verändert. Der Workload, der nötig wäre, um einen Überblick über sämtliche Tools, Analysen oder im Hintergrund implementierte Datenstrukturen zu behalten, ist nach meinem Ermessen für heutige Marketing-Manager zeitlich kaum bis gar nicht machbar. Wenn man sich eine moderne Matrix-Organisation mit Fachabteilungen wie Brand-Marketing, CRM, Marketing-Operations, Shop-Management, Editorial beziehungsweise Content-Marketing vorstellt, dann ist Marketing-Technology ein Bindeglied, das sich durch alle Fachbereiche zieht.

Wie ist die Marketing-Technology-Abteilung bei Fashionette aufgestellt?

Unser Team ist technologisch verantwortlich für sämtliche im Marketing eingesetzte Tools, sowie die analytische und daten-strukturelle Perspektive. Bei uns arbeiten zum Beispiel keine Manager im Team, sondern nur Analysten und Dateningenieure. Für viele Tool-Anbieter und deren Support-Abteilungen war das zu Beginn ungewohnt, da wir tiefer und technischer in Fragestellungen hineingehen. Uns interessiert nicht die reine Nutzerperspektive, sondern das was im Hintergrund passiert und welche Prozesse und Integrationen da zusammenlaufen.

Das Besondere an der Abteilung Marketing-Technology bei Fashionette ist, dass wir den Bereich Business-Intelligence integriert haben. Das ist bei vielen Unternehmern eine eigene Abteilung, lässt sich aber oftmals nicht trennscharf abgrenzen. Deshalb haben wir bei uns drei Fachdisziplinen im Team:

- **Data-Engineering**
  Hier geht es um Datenerfassung, Datenintegration, die Qualitätskontrolle von Daten und damit verbunden auch Data-Protection.

- **Data-Analytics**
  Dieser Bereich baut natürlich auf Data-Engineering auf. Hier werden Analysen, Reportings und Dashboards erstellt. Aber die Kollegen geben auch Schulungen für die Marketing-Mitarbeiter, kümmern sich um das intellektuelle Management und die Formulierung spezieller unternehmensspezifischer KPIs. Bei uns wäre das zum Beispiel der sogenannte DBX. Dies ist eine komplexe KPI, um den Deckungsbeitrag für einzelne Marketingkampagnen zu berechnen, und um diese dann wiederum aussteuern und optimieren zu können.

- **Automation-Engineering**
  Hier steht die Automatisierung von Prozessen im Mittelpunkt. In die Zuständigkeiten fallen vor allem größere Tools wie Customer-Data-Plattformen oder Data-Management-Plattformen. Aber auch die

Optimierung von Bidding liegt bei uns, nicht aus operativer sondern aus Technologie- beziehungsweise Automatisierungsperspektive. Außerdem kümmern wir uns um die Verbesserung von Algorithmen.

Was sind Ihre konkreten Aufgaben?

Eine wichtige Aufgabe ist die Auswahl des Tech-Stacks. Das heißt, ich bin grundsätzlich bei allen technischen Marketingthemen involviert. Gemeinsam mit meinem Team suchen wir neue Produkte, empfehlen diese und schulen beziehungsweise trainieren das Marketing-Team im Umgang mit neuen Tools. Zudem bin ich Administrator der verschiedenen Tools und verwalte diese nicht nur technologisch, sondern betreue sie auch administrativ. Es ist absolut sinnvoll, dass diese Funktion an einer zentralen Stelle verankert ist.

Grundsätzlich habe ich auch die Architektur des Marketing-Stacks im Blick, mache mir Gedanken, wie sie zukünftig aussehen soll und entwickle dafür entsprechende Fahrpläne. Aufgrund der hohen Anzahl an marketingspezifischen Technologien, welche wir bei uns im Einsatz haben, ist es wichtig, regelmäßig zu prüfen, ob die Technologie noch auf dem neuesten Stand der Dinge ist. Ich kläre darüber hinaus, welche nicht mehr passen und eventuell ausgetauscht werden müssen. Schließlich gilt es auch, das entsprechende Budget für Marketingtechnologien, welches ebenfalls in meiner Abteilung verortet ist, im Blick zu haben.

Ein gewichtiger Punkt ist die sinnvolle Integration der diversen Marketingtechnologien und somit auch der multiplen Datenquellen miteinander. Im Falle von CrossEngage als CDP ist es zum Beispiel wichtig, Marketing-Datenquellen anzubinden, zu beobachten wie gut die Marketingtools performen und die Datenqualität zu monitoren. Hier ist es immer schwierig, Marketingdaten und -tools mit Datenquellen und Technologien aus gänzlich anderen Fachbereichen zu verknüpfen. Aber es lohnt sich natürlich, da eine Brücke zu schlagen: Beispielsweise möchten wir die Daten aus unserer Risk-Abteilung innerhalb der Customer-Data-Plattform benutzen. Auf diesem Wege können wir bereits erkannte Betrüger mittels entsprechender Segmentierung von einer weiteren Bewerbung ausschließen. Hier geben viele Unternehmen vermutlich sehr viel Budget aus, nur weil die Daten zur Risikoabschätzung nicht mit den Daten der CDP verknüpft sind.

Dann gehören in meinen Zuständigkeitsbereich noch die mögliche Weiterentwicklung der vorhandenen Tools, wie Aktualisierungen oder individuelle Anpassungen in der Nutzbarkeit oder in der Kommunikation zwischen den verschiedenen Systemen.

Und zuletzt liegt das Thema Datenschutz permanent auf meinem Tisch, da ich zum einen ohnehin einen engen Zugang zu den Tools und zur jeweiligen Datenerfassung habe und direkt klären kann, welche Datenschutzbestimmungen es in den einzelnen Tools gibt und was wir ändern oder aufnehmen müssen. Auch hier ist es absolut sinnvoll, das an einer zentralen Stelle aufzuhängen.

Wir bauen unsere Abteilung hier kontinuierlich weiter aus und auf und testen gerade, welcher Bedarf in den Teams besteht und mit welchen Kompetenzen und Aufgaben wir uns sinnvoll erweitern.

Wie sehen Zusammenarbeit und Schnittstellen mit anderen Teams aus?

Ich arbeite eng mit dem Product Owner aus der IT zusammen, der das Fokusthema Marketing hat und gleiche meine Themen mit ihm ab. Darüber hinaus habe ich Jour-Fixes und regelmäßige Meetings mit dem Head of IT, um entsprechende Themen auf Top-Level-Ebene zu besprechen und wir nehmen an Sprint-Reviews und kontinuierlichen Priorisierungsbesprechungen teil. Dazu haben wir eigene Prio-Meetings, in denen wir Themen bei der IT für die Quartalsplanung einbuchen. Das gleiche gilt für das Data-Warehouse-Team und das ERP-Team.

Bei Fashionette ist der Bereich Automation-Engineering für die Customer-Data-Plattform zuständig, wobei CDPs operativ im CRM aufgehangen sind. Auch hier gibt es dann wieder entsprechende Schnittstellen – zwischen den jeweiligen Marketing-Fachabteilungen.

Aus Business-Perspektive haben wir einen permanenten Themenabgleich, Show-Casing und Besprechungen mit den Marketing-Fachabteilungen und dem für Marketing verantwortlichen Geschäftsführer. Darüber hinaus gibt es übergreifende Gesamt-Marketing-Meetings, in dem man relevante Themenfelder abgleichen und platzieren kann und auf entsprechende Synergien hinsteuert.

Außerdem besprechen wir von Beginn an die Entwicklung von Prozessen rund um die Themen Dashboarding und Reporting mit den Stakeholdern der einzelnen Abteilungen hier im Haus, um eine sinnvolle Zusammenarbeit zu ermöglichen.

Welches Fähigkeiten sollte man für die Position mitbringen?

Diese Frage kann ich natürlich nur sehr subjektiv beantworten. Generell würde ich sagen, sollte man für die Rolle einfach ein konstant großes Interesse an neuen Technologien haben und vor allem die Bereitschaft, sich mit ihnen auseinanderzusetzen.

Gerade im Bereich Marketingtechnologie ist es, wie eigentlich in allen Technologiebereichen, permanent wichtig, up-to-date zu bleiben und sich kontinuierlich weiterzuentwickeln. Man muss sich sehr viele Tools ansehen und Fragen stellen wie: Ist diese Technologie ein potenziell neues Betätigungsfeld für uns? Sollten wir auf den Zug aufspringen? Ergibt das überhaupt Sinn? Können wir das budgettechnisch abbilden?

Das ist langfristig auch Wissen und Erfahrung, die man hier im Team ansammelt und das in anderen Unternehmen vielleicht gar nicht vorhanden ist. Ich habe hier zum Beispiel das Thema Customer-Data-Plattform ins Rennen gebracht, mit der man auf moderne Art und Weise ein vernünftiges Bestandskunden-Marketing aufsetzen und managen kann.

Ansonsten sollte man ein intensives Verständnis von Datenerfassung, Datenerstellung und Datenstruktur haben und darüber hinaus ein grundsätzliches Marketingverständnis. Hier ist sowohl Erfahrung im modernen Online-Marketing als auch im Offline-Marketing von Vorteil, da wir auch TV-Spots schalten. Diese On- und Offline-Aktivitäten sinnvoll zusammenzubringen und zu bewerten, ist dann die Königsdisziplin, gerade hinsichtlich der Customer-Journey, zum Beispiel vom TV-Spot zum Newsletter.

Speziell bei meiner Rolle war Programmierfähigkeit ein weiteres Muss, was mir als R-Programmierer sehr leicht fällt, gerade um den Bereich Data-Science mit abzudecken. Aber generell reicht es vermutlich, ein sehr gutes Verständnis von Programmierung zu haben beziehungsweise zu wissen, wie Programmierung funktioniert. Sinnvoll ist auch ein gutes Know-how von Algorithmen und der Definition von sinnvollen KPIs zu haben.

Als Führungskraft benötigt man selbstverständlich gute Managementfähigkeiten und vor allem im technologischen Bereich ein gewisses diplomatisches Geschick. Es kann immer sein, dass Aufgaben durch Technologien wegfallen und das stößt nicht immer auf Gegenliebe. Da muss man dann sensibel vorgehen.

Um es in einem Satz zusammenzufassen: Man sollte ein guter Kommunikator, Manager und Techniker mit entsprechendem Technologie- und Marketingwissen sein.

Warum können die Aufgaben nicht unter Marketing und IT aufgeteilt werden beziehungsweise vom CMO und CIO übernommen werden?

Das Marketing arbeitet eher operativ-kreativ und die Marketing-Tech-Themen sind zu analytisch, daten-strukturell und technologisch, als dass sie von Mitarbeitern einer klassischen Marketingabteilung ausreichend sinnvoll mitbetreut werden könnten.

In der IT liegt der Fokus in der Regel immer auf der Produktentwicklung und die Ressourcen sind immer zu knapp. Thematisch ist es aus meiner Sicht hier auch nicht passend aufgehängt, deshalb ergibt Marketing-Technology als separate Einheit mit einem Verantwortlichen für sämtliche oben erläuterten Aufgaben und Themen durchaus Sinn.

**Wie geht man bei der Toolauswahl strukturiert vor?
Worauf sollten Unternehmen achten?**

Ich höre mir immer zuerst an, was die Fachabteilung benötigt und gleiche dann ab, inwiefern die Vorstellung im Rahmen des Möglichen liegt. Dann sehe ich mir an, was in den vorhandenen Marketing-Stack passt und was vielleicht bereits mit bestehenden Tools abgebildet werden kann.

Im Falle einer kompletten Neueinführung einer Technologie, bin ich großer Fan einer Feature-Matrix, um neue Tools vergleichen zu können und einen Überblick zu bekommen, welches Tool welche Funktionalitäten bietet. Bei komplexeren Technologien ist es mir auch immer sehr wichtig, die Support-Qualität und -Fähigkeit des entsprechenden Anbieters abzuklären. Je erklärungsintensiver das Tool, und je mehr man nachfragen und „unter die Haube schauen" muss, desto mehr muss das Support-Niveau des jeweiligen Anbieters auch den eigenen Vorstellungen genügen. Und auch hier spielt das Thema Datenschutz wieder ein Rolle: Man muss am Ende prüfen, inwieweit ein neues Tool datenschutztechnisch passt.

Wann ist die Einführung einer dedizierten Position für Marketingtechnologie im Unternehmen sinnvoll?

Es ist es schwierig, das an einer festen Unternehmensgröße festzumachen und ich glaube, dass es eher vom Budget und der Komplexität der jeweiligen Marketingaktivitäten beziehungsweise der genutzten Marketingkanäle, abhängig ist. Natürlich geht das meistens Hand in Hand: Je stärker das Unternehmen wächst, desto mehr kann man durch Personalaufstockung neue Kanäle nutzen und die Komplexität in den jeweiligen Kanälen erhöhen.

Ich würde empfehlen, darüber nachzudenken, jemanden für diese Position einzustellen, sobald jeweils eine Vollzeitkraft für die allgemeinen Top-Marketing-Kanäle verantwortlich ist. Meistens wird ja nicht nur ein Tool genutzt und es kann sehr zeitintensiv und aufwendig werden, wenn sich diese Vollzeitkraft gleichzeitig um das generelle Einstellen der Tools kümmert, sie dafür sorgt, dass die Daten richtig einlaufen, sowie das Erstellen entsprechender Reportings und Analysen koordiniert. Deshalb ist es ab diesem Zeitpunkt absolut sinnvoll, hier eine dezidierte Position einzuführen.

IMPLIKATIONEN DER DSGVO

Gastbeitrag von Andreas Kühnke, Project A

DSGVO: Was ist das eigentlich?

Mit der DSGVO hat der europäische Gesetzgeber einen neuen Rechtsrahmen geschaffen, der EU-weit einheitliche Regelungen schaffen soll und der gleichermaßen für alle Unternehmen gilt, die personenbezogene Daten von EU-Bürgern verarbeiten. Das geschieht dadurch, dass der Verfolgungsdruck gegenüber den datenverarbeitenden Unternehmen erhöht wird, vor allem durch die Schaffung erheblicher Bußgeld- sowie Abmahnungs- und Schadensersatzmöglichkeiten.

Was sind personenbezogene Daten?

Die DSGVO wird immer dann anwendbar sein, wenn es um die Verarbeitung personenbezogener Daten geht. Personenbezogene Daten sind alle Informationen, die sich auf eine identifizierte oder identifizierbare Person beziehen. Als identifizierbar wird eine Person angesehen, die direkt oder indirekt, insbesondere mittels Zuordnung zu einer Kennung wie einem Namen, zu einer Kennnummer, zu Standortdaten oder zu einer Onlinekennung, identifiziert werden kann.

Entscheidend ist demnach allein die Möglichkeit der Identifizierung. Egal durch wen. Es handelt sich nach der DSGVO also auch dann um personenbezogene Daten, wenn zwar nicht das datenverarbeitende Unternehmen selbst, aber ein Dritter die Möglichkeit zur Identifizierung hat. Nach der Vorstellung des Gesetzgebers können daher auch pseudonymisierte Daten personenbezogen sein. Die DSGVO hat damit ein weiteres Begriffsverständnis als das bisher geltende Datenschutzrecht und erfasst auch Online-Identifier, etwa IP-Adressen und Cookies, als personenbezogene Daten.

Für die tägliche Praxis bedeutet dieses weite Begriffsverständnis, den Personenbezug von Daten im Zweifel eher zu bejahen als zu verneinen, da nahezu jede Information als personenbezogenes Datum definiert werden kann. Erstens soll sie den bisherigen datenschutzrechtlichen Flickenteppich beseitigen und EU-weite Standards einführen. Zweitens soll der Schutz für betroffene Personen verbessert werden.

Was ist neu an der Verordnung?

Auch früher war Online-Marketing nicht ohne die Einhaltung von datenschutzrechtlichen Vorgaben umsetzbar. Das folgt aus dem Grundsatz des Verbots mit Erlaubnisvorbehalt, wonach jede Datenverarbeitung zunächst verboten ist. Eine

Erlaubnis ergibt sich entweder aus einem bestimmten Gesetz oder sie folgt aus der Einwilligung der betroffenen Person, die teilweise an sehr strenge Wirksamkeitsvoraussetzungen geknüpft ist. Zum Beispiel das Double-Opt-in bei Newsletter-Werbung. So oder so muss die betroffene Person stets ausreichend informiert und ihr die Möglichkeit zum Opt-out eingeräumt werden.

Welche Implikationen hat die Verordnung für das Online-Marketing?

Die DSGVO behält das Prinzip „Verbot mit Erlaubnisvorbehalt" bei. Weiterhin ist also jegliche Datenverarbeitung verboten. Die DSGVO folgt bei den Ausnahmen einem „One-fits-all-Prinzip". Sie differenziert also nicht nach unterschiedlichen Nutzungszwecken oder Datenkategorien, sondern hält für alle Datenverarbeitungen bestimmte Erlaubnistatbestände bereit. Zum Beispiel die Einwilligung der betroffenen Person, die Erfüllung eines Vertrages oder die Wahrung überwiegender berechtigter Unternehmensinteressen.

Für das Online-Marketing ist neben der Einwilligung auch das berechtigte Interesse bedeutsam. Relevant ist, dass die Datenverarbeitung zur Wahrung der berechtigten Interessen des Verantwortlichen, also des werbenden Unternehmens, erforderlich ist und nicht die Interessen der betroffenen Person überwiegen, also die des Werbeempfängers. Hierin kommt besonders deutlich zum Vorschein, dass es sich beim neuen Datenschutzrecht noch viel mehr um ein Abwägungsrecht handelt, bei dem häufig keine einfachen Lösungen existieren.

Nach den Vorstellungen des Gesetzgebers kann Direktwerbung ein berechtigtes Interesse des werbenden Unternehmens darstellen. Ob und wann dieses Werbeinteresse aber die Interessen oder Rechte des Werbeempfängers überwiegt, ist stets eine Frage des Einzelfalls. Hierbei geht es um die vernünftigen Erwartungen der betroffenen Person und ihre Beziehung zum Verantwortlichen. Wo genau hier die Grenzen verlaufen werden, ist momentan nicht rechtssicher vorherzusagen.

Die vom Unternehmen selbst durchzuführende Interessenabwägung wird eine wesentliche Rolle spielen, aber solange schwierig bleiben, bis belastbare Erfahrungswerte und eine gefestigte Rechtsprechung vorliegen. Im Übrigen kann die betroffene Person sowohl der Direktwerbung als auch dem Abwägungsergebnis des Unternehmens jederzeit widersprechen.

Die Einwilligung der betroffenen Person wird daher auch weiterhin wichtiges Erlaubniskriterium bleiben. Sie trägt aber weiter das permanente Risiko in sich, jederzeit widerrufen zu werden. Hinzu kommen strengere Anforderungen sowie neu geschaffene Vorgaben, deren Anwendung noch ungeklärt ist.

Grundlagen

Um Konformität mit der DSGVO zu gewährleisten, sollten Unternehmen die im folgenden kurz skizzierten Aspekte berücksichtigen.

1. Erfassung und Dokumentation des Status Quo

Vielen Unternehmen fehlt eine Übersicht über die von ihnen genutzten personenbezogenen Daten. Häufig besteht ein erster Schritt also darin, diese Wissenslücke zu schließen und die gewonnen Erkenntnisse zu dokumentieren. Beginnen lässt sich mit folgenden Fragestellungen:

- Welche Online-Marketing-Prozesse habe ich im Unternehmen?
- Bei welchen dieser Prozesse werden personenbezogene Daten verarbeitet?
- Wo kommen diese personenbezogenen Daten her?
- An wen werden diese personenbezogenen Daten weitergeben?
- Mittels welchen Datenbanken und Tools verarbeite ich diese Daten?

2. Prüfung der Rechtsgrundlagen der Verarbeitung

Als nächstes sollte für jeden Online-Marketing-Prozess, der die Verarbeitung personenbezogener Daten beinhaltet, die Rechtsgrundlage geklärt werden. Hier muss zum einen die beschriebene Interessenabwägung erfolgen und zum anderen müssen die vorhandenen Einwilligungen überprüft werden. Dies gilt auch für bereits in der Vergangenheit eingeholte Einwilligungen, die zukünftig nur dann wirksam bleiben, wenn sie den strengeren Anforderungen der DSGVO entsprechen. Beide Prüfungsergebnisse sollten ebenfalls dokumentiert werden. Falls keine Rechtfertigungen gefunden werden, müssen Maßnahmen abgeleitet werden: Heilung oder Löschung.

3. Prüfung der Rechtsgrundlagen der Weitergabe

Sofern die personenbezogenen Daten an Dritte weitergegeben werden – das betrifft üblicherweise sämtliche Cloud-Anbieter und Online-Marketing-Dienstleister – muss mit diesen Dritten ein Auftragsverarbeitungs-Vertrag geschlossen werden. Sofern dieser Dritte außerhalb der EU sitzt, sind weitere Schutzmaßnahmen erforderlich.

4. Anpassung von Rechtstexten

Da die DSGVO deutlich umfangreichere Transparenz- und Informationspflichten gegenüber den betroffenen Personen vorsieht, sollten die hierfür genutzten Informationskanäle – allen voran die Datenschutzerklärung sowie die Einwilligungstexte – angepasst werden. Die Artikel 12 bis 14 der DSGVO geben hierzu eine gute erste Orientierung. Notwendig sind etwa Erläuterungen zur Interessenabwägung, zum Löschkonzept oder zu den Betroffenenrechten.

5. Vorbereitung auf Anfragen

Nach der DSGVO unterliegen die datenverarbeitenden Unternehmen zukünftig umfangreicheren Rechenschafts- und Dokumentationspflichten als bisher. Insbesondere die Betroffenenrechte wurden gestärkt und erweitert. Auf entsprechende Anfragen von betroffenen Personen sollten sich Marketingabteilungen vorbereiten. Denn sie müssen in der Lage sein, sehr ausführlich Auskunft über Einzelheiten der Datenverarbeitung zu geben, sowie das Widerspruchsrecht umsetzen zu können. Eine gute Bestandsaufnahme erleichtert das Ganze ungemein.

Fazit

Vieles ist derzeit noch unklar und wird sich erst im Laufe der nächsten Monate und Jahre geraderücken. Trotz dieser Unwägbarkeiten müssen sich alle Marketingabteilungen mit der DSGVO auseinandersetzen und ihre Prozesse anpassen. Je mehr sie bereits nach aktuellem Stand rechtskonform agieren, umso geringer ist der Umstellungsaufwand.

Begonnen werden sollte jedes DSGVO-Projekt zunächst mit einer detaillierten und angemessen dokumentierten Bestandsaufnahme. Hierauf aufbauend werden sich dann die notwendigen Folgeaktivitäten ergeben, insbesondere die Klärung der jeweiligen datenschutzrechtlichen Zulässigkeit des Online-Marketings.

Die DSGVO stellt das Online-Marketing nicht vom Kopf auf die Füße, bringt aber relevante Änderungen mit sich. Einige dieser Änderungen, etwa die gesteigerten Dokumentationspflichten sowie die gestärkten Rechte der Werbeempfänger, machen es für werbende Unternehmen eher schwieriger. Andere Aspekte – etwa die grundsätzliche Anerkennung von Werbung als berechtigtes Interesse für Datenverarbeitung – können einen Vorteil bedeuten.

Ausblick

Es ist eine Zeit des Umbruchs im CRM und Marketing. Für Unternehmen werden sich in den kommenden Jahren effizientere Arbeitsweisen und neue Spielräume für eine individuellen Kommunikation mit Bestandskunden und potenziellen Kunden ergeben. Im selben Zuge werden Kunden angenehmere Erfahrungen im Kontakt mit Marken machen, da zunehmend auf ihre individuellen Bedürfnisse eingegangen wird.

TRENDS UND ENTWICKLUNGEN

Interview mit Björn Sjut, Finc3

Wie werden sich die Bereiche CRM und Marketing in den kommenden Jahren entwickeln? Welche Trends zeichnen sich ab?

Kein gänzlich neuer, aber einer der größten Trends ist meines Erachtens, dass Unternehmen auf immer stabilere Identifier zurückgreifen können. Damit ist gemeint, dass Benutzerkonten es erlauben, Leads und Kunden über mehrere Kanäle und Geräte hinweg zu identifizieren. Dieser Trend wird durch die aktuelle Unsicherheit gegenüber Cookies mit Blick auf die neue Datenschutzgrundverordnung weiter beschleunigt. Wir beobachten, wie sich Unternehmen darüber Gedanken machen, wie sie möglichst früh im Lebenszyklus der Kunden beziehungsweise potenziellen Kunden Anreize für die Kontoerstellung schaffen können – beispielsweise durch Services, die schon vor dem ersten Kauf nützlich sind. Denn durch Logins kann eine kanal- und geräteübergreifende Kundenansprache sauber abgedeckt werden. In diesem Zusammenhang spielen sowohl proprietäre Accounts als auch die großen Login-Plattformen wie Google oder Facebook eine Rolle. Und auch Dienstleister aus dem Retailbereich wie Paypal oder Amazon sind hier interessant. In den kommenden Jahren werden wir diesen Ansatz noch stärker vertreten sehen und die Erstellung von Nutzerkonten wird sich zunehmend vereinfachen. So findet auch die Ein-Klick-Kontoerstellung immer mehr Verbreitung, wie sie von Google oder Facebook angeboten wird, die damit ihre Daten noch weiter anreichern und so die Datenqualität erhöhen können.

Darüber hinaus wächst ein Bereich sehr stark, den wir „Paid-Media-CRM" nennen. Es ist der Bereich, in dem Marketing und CRM beziehungsweise Kundenakquise und Kundenbeziehungsmanagement zusammenwachsen und sich überschneiden. Facebooks Custom Audiences sind hier ein gutes Beispiel. Durch Daten von Bestandskunden wie E-Mail-Adresse oder Telefonnummer können diese über Facebook angesprochen werden. Inzwischen bieten alle anderen großen Marketingplattformen das auch: „Google Customer Match", „Amazon Advertiser Audiences" oder „Linkedin Matched Audiences" sind die Grundlage dafür, mit den eigenen Kunden nicht nur per E-Mail, sondern auch über Media zu kommunizieren und so Marketing passend der Stufe im Kundenlebenszyklus zuzuordnen. Man muss in der Datenhaltung allerdings gut managen, welche Kunden dieser Art von personalisiertem Marketing zugestimmt haben.

Gleichzeitig sind die eigenen Kunden eine hervorragende Datengrundlage, um „statistische Zwillinge" zu targeten. Mittels „Lookalike Audiences" können Zielgruppen erstellt werden, die den eigenen Bestandskunden in ihren Charakteristika ähneln und damit mit höherer Wahrscheinlichkeit affin für die Produkte oder Dienstleistungen eines Unternehmens sind.

Sie sprechen von einem Mischbereich zwischen CRM und Kundenakquise. Welche Entwicklungen werden wir im Allgemeinen im abteilungsübergreifenden Bereich des Kundenkontaktes sehen? Wie werden Teams aus den Bereichen CRM, Marketing und Sales zusammenarbeiten?

Aktuell sehen wir hier noch recht viele Team- und Datensilos. Dies spiegelt sich auch im Bereich der Technologie wider. Viele CRM-Systeme, die den Sales-Bereich abdecken, besitzen keine integrierte Marketingkomponente. Dies gilt für Anbieter, die sich an KMU richten wie etwa Pipedrive oder Close.io, aber auch für Enterprise-Lösungen wie SAP CRM, Microsoft Dynamics oder Salesforce. Denn auch bei SAP und Salesforce müssen die Marketingkomponenten als separate Produkte erworben werden. Diese sind oftmals sehr teuer und nicht benutzerfreundlich. Auf der anderen Seite stehen die Marketing-Teams, die eine Infrastruktur zur Marketingautomation aufbauen – etwa mit Anbietern wie Mailchimp, Emarsys oder Marketo. Doch auch hier entstehen Datensilos. Viele Unternehmen fokussieren sich noch darauf, die Kontakte in beiden Welten zu synchronisieren. Das ist ein guter Anfang, aber für einen echten datengetriebenen Sales-Ansatz müssen die Aktivitätsdaten der Marketingautomation auch im Sales-CRM verfügbar sein. Der Vertriebsmitarbeiter soll ja sehen, welcher Kunde ein bestimmtes Lifecycle Mailing erhalten hat – und, wenn er personenbezogenem Tracking zugestimmt hat, auch, ob er damit interagiert hat.

In den kommenden Jahren müssen deshalb diese Datensilos aufgebrochen und überwunden werden. CDPs bieten hier einen interessanten Lösungsansatz. Sie geben Sales- und Marketingabteilungen eine Plattform und Technologie, mit der sie kanalübergreifende Marketing-Kampagnen ausspielen und ebenso Daten für Sales-Mitarbeiter verfügbar machen können. In wenigen Jahren werden Sales-Abteilungen sehr detaillierte Informationen und Empfehlungen dazu erhalten, was sie als nächstes tun sollten – etwa welche Kunden sie anrufen müssen und wer welche E-Mail erhalten sollte. Dafür benötigen die entsprechenden Systeme genügend Datenpunkte.

Welche CRM-Kanäle werden relevanter? Was sind die Gründe?

Es gibt eine Vielzahl neuer Kanäle und heutzutage reicht der E-Mail-Kanal alleine meist nicht mehr aus. Bei unseren Kunden sehen wir vor allem, dass Web-Push-Notifications oft hinzugenommen werden. Der Kanal weist deutlich höhere Öffnungs- und Klickraten auf als E-Mail. Wenn man Web-Push granular genug ausspielt, funktioniert der Kanal sehr gut.

Welche Rolle werden maschinelles Lernen und Predictive-Modeling einnehmen? Was liegt im Bereich des Möglichen und was nicht?

Ein Großteil von dem, was unter Machine-Learning verkauft wird ist nicht neu, hieß früher nur Statistik. Predictive-Modeling beispielsweise ist häufig auch nur eine Extrapolation von Daten in einem Regressionsmodell und die Methoden sind altbekannt. Es können natürlich größere Datenmengen verarbeitet werden als früher und es sind auch mehr Daten verfügbar. Hier ist es aber stark von der Qualität der Signale abhängig, ob Machine-Learning wirklich Plausibilität schlägt. Die Verarbeitung von mehr Daten muss nicht immer zu besseren Voraussagen führen. Ein Beispiel wäre folgendes: Man analysiert einen Onlineshop aus „Big-Data-Sicht" und bezieht jede Produkt-Impression mit ein. Danach stellt man vielleicht fest, dass die einzigen Signale, die wirklich statistisch signifikant auf die Kaufwahrscheinlichkeit einzahlen, die Warenkorbinteraktionen sind. Das ist natürlich enttäuschend – denn die zu analysieren wäre kein Big-Data-Problem gewesen, was eine teure Infrastruktur benötigt hätte. Machine-Learning und KI-Ansätze bieten riesige Potenziale – aber man braucht auch passende Fragen, die man mit ihnen beantworten will.

Im Lichte einer zunehmend personalisierten und automatisierten Kundenansprache: Wie kann die systematische Erstellung von (kreativen) Inhalten skaliert werden, um die neuen Potenziale auszuschöpfen, die durch eine immer bessere Datenverarbeitung und -nutzbarmachung entstehen?

Roboter-Texte, also automatisch generierte Texte, funktionieren hier schon ganz gut. Allerdings sind auch hier die unter dem Label „KI" verkauften Lösungen häufig nur komplexe Regelwerke, die einen Text aus Datenpunkten unter Berücksichtigung zahlreicher Wenn-Dann-Bedingungen zusammensetzen.

Das ist beispielsweise für Retailer mit großen Produktkatalogen relevant, aber auch für Publisher, die Long-Tail-Content abdecken müssen, wie etwa regionale Sportberichterstattung. Setzt man entsprechende Technologien bei Short-Tail-Sortimenten ein, besteht hingegen das Risiko, dass man austauschbar und zu generisch wirkt. Ich würde behaupten, dass, je weniger Produkte ein Unternehmen hat und je mehr es über den Geschmack verkauft, desto negativer wären die Effekte komplett automatisch generierter Inhalte. Vertreibt ein Unternehmen hingegen eine große Menge an Produkten – wie etwa ein Onlinehandel für Autoteile – und die Inhalte sind im Grunde nur Beschreibungen in einer großen Produkt- beziehungsweise Suchdatenbank, so haben Roboter-Texte vermutlich keine negativen Effekte. Die Prosa zur Felge wäre gewissermaßen egal. Es gilt also, was immer gilt: Nur weil man Zugriff auf eine Technologie hat, sollte man den Kopf nicht ausschalten. Die Erstellung genuiner und kreativer Inhalte wird also zumindest in naher Zukunft noch weiter relevant bleiben.

FAZIT

Zukünftig rechnen wir damit, dass der integrierte Best-of-Breed-Ansatz zunehmend an Bedeutung gewinnen und Single-Vendor-Ansätze – wie Marketing-Clouds sie darstellen – Marktanteile verlieren werden, da sie nicht die notwendige Agilität in der Kanalauswahl sowie eine ausreichende Leistungsfähigkeit und Flexibilität in der Datenverarbeitung gewährleisten können. Mit weiter zunehmender Anzahl von Kommunikationskanälen und möglichen Kombinationen, wird sich die kundenspezifische Ansprache als Wettbewerbsvorteil stärker in den Vordergrund drängen als bisher.

Durch die Bedeutungsverschiebung hin zu integrierten Best-of-Breed-Lösungen, wird die noch recht junge Software-Kategorie der Customer-Data-Plattformen sich in den kommenden Jahren in großen Sprüngen weiterentwickeln. Ein Trend ist hier die zunehmende Anreicherung mit auf maschinellem Lernen basierenden Funktionen, die Marketer bei der Kampagnenplanung und Entscheidungsfindung unterstützen. Durch probabilistische Vorhersagen können Customer-Journeys in Zukunft effizienter modelliert werden. Von der Segmentierung, über die Auswahl und das Zusammenspiel der passenden Kanäle und Inhalte, bis hin zu Zeitpunkt und Frequenz werden Algorithmen Zusammenhänge erkennen und die effektivsten CRM-Maßnahmen für jeden Schritt in der Customer-Journey berechnen. Moderne Tools werden in der Lage sein, dem Marketer an der richtigen Stelle Vorschläge zu liefern, mit welchen Maßnahmen sich der Kampagnenerfolg zielgerichtet optimieren lässt.

Auf diese Weise werden CRM-Teams zukünftig weniger Zeit mit der technischen Umsetzung von Kampagnen verbringen und sich dafür mehr auf die kreativen Aspekte fokussieren können, zu denen die Ideenentwicklung und die Erstellung kreativer Inhalte zählen. Letzten Endes wird die Verschiebung von manuellen, zeitaufwendigen Aufgaben hin zu kreativen, kundenzentrierten Prozessen dazu führen, dass Unternehmen dem Kunden in bestmöglicher Erinnerung bleiben. Mit intelligenter technischer Unterstützung wird es CRM- und Marketing-Teams ermöglicht, Kunden im persönlichen, nahezu Eins-zu-Eins-Kontakt die Erfahrung zu bieten, die sie erwarten.

Literatur

Ambler, T. (2005). Maximizing profitability and return on investment: A short clarification on Reinartz, Thomas, and Kumar. Journal of Marketing, 69, 153-154.

Baohong, S. (2006). Technology Innovation and Implications for Customer Relationship Management. 25th Anniversary Issue. Marketing Science, 25(6), 594-597.

Benway, J. P. (1998, October). Banner blindness: The irony of attention grabbing on the World Wide Web. In Proceedings of the Human Factors and Ergonomics Society Annual Meeting (Vol. 42, No. 5, pp. 463-467). Sage CA: Los Angeles, CA: SAGE Publications.

Biloš, A., Turkalj, D., & Kelić, I. (2016). Micro-Moments Of User Experience: An approach to understanding online user intentions and behavior. Challenges of big data technology, 67.

Borle, S., Singh, S. S., & Jain, D. C. (2008). Customer lifetime value measurement. Management Science 54(1), 100-112.

Brinker, S. (6. November 2016). Martec's Law: the greatest management challenge of the 21st century. Abgerufen am 16. Oktober 2017 von http://chiefmartec.com/2016/11/martecs-law-great-management-challenge-21st-century/.

Cambra-Fierroa, J. J., Centeno, E., Olavarria, A., & Vazquez-Carrasco, R. (2017). Success factors in a CRM strategy: technology is not all. Journal of Strategic Marketing, 25(4), 316-333.

Chen, I. J., & Popovich, K. (2003). Understanding customer relationship management (CRM): People, process and technology. Business process management journal, 9(5), 672-688.

Choudhury, M. M., & Harrigan, P. (2014). CRM to social CRM: the integration of new technologies into customer relationship management. Journal of Strategic Marketing, 22(2), 149-176.

Customer Data Platform Institute. (2017). Abgerufen am 18. Oktober 2017 von Instituts. https://www.cdpinstitute.org/cdp-basics.html

Dowling, G. R., & Uncles M. (1997). Do customer loyalty programs really work?. Sloan management review, 38, 71-82.

Dalla Pozza, I., Goetz, O., & Sahut, J.M. (2018). Implementation effects in the relationship between CRM and its performance. Journal of Business Research, 89, 391-403.

Deutsche Bahn AG (2018). Kennzahlen 2017. Abgerufen am 28. August 2018 von https://www.deutschebahn.com/de/konzern/konzernprofil/zahlen_fakten/kennzahlen_2017-1774538

Dörner, St. (26. Mai 2017). GAFA-Ökonomie: Warum Apple anders tickt als Facebook, Google und Amazon. t3n.

Drèze, X., & Hussherr, F. X. (2003). Internet advertising: Is anybody watching?. Journal of interactive marketing, 17(4), 8-23.

Earley, S. (2018). The Role of a Customer Data Platform. IT Professional, 20(1), 69-76.

Elkin, N., & Sarner, A. (2017). Gear Up for the Evolving Multichannel Marketing Landscape. Gartner.

Fader, T. (2012). Customer Centricity: Focus on the Right Customers for Strategic Advantage. Wharton Executive Essentials.

Feng, H., Morgan, N. A., & Rego, L. L. (2015). Marketing department power and firm performance. Journal of Marketing, 79(5), 1-20.

Ford R. C., & Randolph W. A. (1992). Cross-functional structures: A review and integration of matrix organization and project management. Journal of Management 18(2), 267-294.

Freeze, R. D., & Kulkarni, U. (2007). Knowledge management capability: Defining knowledge assets. Journal of Knowledge Management, 11(6), 94-109.

Gabler, T. (2011). Lebenszyklus-Konzepte überarbeiten. Abgerufen von am 31. August 2018 von https://www.internetworld.de/onlinemarketing/internet/lebenszyklus-konzepte-ueberarbeiten-309027.html

Gartner (2017). Gear Up for the Evolving Multichannel Marketing Landscape. Abgerufen am 10. Oktober 2017 von https://www.gartner.com/doc/3764366/gear-evolving-multichannel-marketing-landscape

Google (2015 a). Micro-Moments – Your Guide to Winning the Shift to Mobile. Abgerufen am 19. Oktober 2017 von https://www.thinkwithgoogle.com/marketing-resources/micro-moments/micromoments-guide-pdf-download/

Google (2015 b). Momente der Entscheidung: Die richtige Person zur richtigen Zeit mit der richtigen Aussage erreichen – bei jedem Kontakt. Abgerufen am 19. Oktober 2017 von https://www.thinkwithgoogle.com/intl/de-de/insights/kunden-einblicke/momente-der-entscheidung/

Gurău, C., Ranchhod, A., & Hackney, R. (2003). Customer-centric strategic planning: Integrating CRM in online business systems. Information technology and management, 4(2-3), 199-214.

Gupta, Sunil, Donald R. Lehmann, and Jennifer Ames Stuart. (2004). Valuing Customers. Journal of Marketing Research 41(1), 7-18.

Hansotia, B. (2004). Company activities for managing customer equity. The Journal of Database Marketing & Customer Strategy Management, 11(4), 319-322.

Heath, C., & Heath, D. (2017). The power of moments: Why certain experiences have extraordinary impact. Simon and Schuster.

Heinemann, F. (2016). Driving Performance with Programmatic CRM. In O. Busch (Eds.), The Successful Transformation to Automated, Data-Driven Marketing in Real-Time (S. 243-254). Hamburg: Springer.

Hinz, M. (2. Oktober 2017). Die entscheidende Ansprache eines potentiellen Kunden: „Timing ist alles". Absatzwirtschaft.de. Abgerufen am 27. August 2018 von http://www.absatzwirtschaft.de/die-passende-ansprache-eines-potentiellen-kunden-timing-ist-alles-115189/

Hippner, H., Hubrich, B., & Wilde, K.D. (2011). Grundlagen des CRM. Strategie, Geschäftsprozesse und IT-Unterstützung (Vol. 3). Wiesbaden: Gabler.

Hogan, J. E., Lemon, K. N., & Libai, B. (2003). What Is the True Value of a Lost Customer?. Journal Of Service.

Hult, G.T.M., & Ketchen, D.J. (2017). Disruptive marketing strategy. AMS REVIEW, 7(1-2), 20-25.

Husson, T., & Ask, J. A. (2014). Predictions 2015: Most Brands Will Underinvest In Mobile Brands Embracing The Mobile Mind Shift Will Pull Ahead Of Those Treating Mobile As Just Another Channel. Forrester Research.

Jaber, F., &, Simkin, L. (2017). Unpicking antecedents of CRM adoption: a two-stage model. Journal of Strategic Marketing, 25(5-6), 475-494.

Jain, D., & Singh, S. S. (2002). Customer lifetime value research in marketing: A review and future directions. Journal of interactive marketing, 16(2), 34-46.

Jones, M. (2015). Identity and Marketing: Capturing, Unifying, And Using Customer Data To Drive Revenue Growth. Venture Beat Insight.

Kamakura, W., Mela, C., Ansari, A., Bodapati, A., Fader, P., Iyengar, R., & Wilcox, R. (2005). Choice Models and Customer Relationship Management. Marketing Letters, 16(3/4), 279-291.

Keiningham, T. L., Aksoy, L., & Bejou, D. (2006). The Future of Managing Customers as Assets. Journal Of Relationship Marketing, 5(2/3), 133-138.

King, D. M., Dhameeth, G. S. and Kim, J. S., 2017. Modeling Moderating Effects of Customer Lifetime Value (CLV) and Referral Value (CRV) on Customer Service of Frontline Employees for Customer and Organizational Satisfaction: A Comparative Analysis.

Krishna, A., Dangayach, G., & Sharma, S. (2014). Service Recovery Paradox: The Success Parameters. Global Business Review, 15(2), 263-277.

Lee, J.C., Shiue, Y.C., & Chen, C.Y. (2016). Examining the impacts of organizational culture and top management support of knowledge sharing on the success of software process improvement. Computers in Human Behavior, 54, 462-474.

Lew, G., 2017. The importance of customer lifetime value in determining their profitability. The Business & Management Review, 8(4), p.24.

Lippincott (2016). Experience Innovation: The next frontier to differentiate and drive growth. Lippincott.

Mascarenhas, O. A., Kesavan, R., & Bernacchi, M. (2006). Lasting customer loyalty: a total customer experience approach. Journal of consumer marketing, 23(7), 397-405.

Marshall, N. W. (2010). Commitment, loyalty and customer lifetime value: Investigating the relationships among key determinants. Journal of Business & Economics Research, 8(8), 67-84.

McCoy, S., Everard, A., & Loiacono, E.T. (2008). Online Ads in Familiar and Unfamiliar Sites: Effects on Perceived Website Quality and Intention to Reuse, Information System Journals, 19(4), 437-458.

Meadows, M., & Dibb, S. (2012). Progress in customer relationship management adoption: A cross-sector study. Journal of Strategic Marketing, 20(4), 323-344.

Moon, Y. (2005). Break free from the product life cycle. Harvard Business Review, pp. 87-94.

Olson, E. M., Slater, S. F., & Hult, G. T. M. (2008). The performance implications of fit among business strategy, marketing organization structure, and strategic behavior. Journal of Marketing, 69(3), 49-65.

O'Connell, C. (2016). The Inside View: How Consumers Really Feel About Push Notifications. Info.localytics.com. Abgerufen am 20. August 2018 von http://info.localytics.com/blog/the-inside-view-how-consumers-really-feel-about-push-notifications

Payne, A., & Frow, P. (2005). A strategic framework for customer relationship management. Journal of Marketing, 69(4), 167-176.

Payne, A., & Frow, P. (2006). Customer relationship management: From strategy to implementation. Journal of Marketing Management, 22(1-2), 135-168.

Peppers, D., & Rogers, M. (1999). The One to One Manager: Real-World Lessons in Customer Relationship Management. Crown Pub.

Pieler, T. (2013). Strategische Kompetenzentwicklung. Kompetenz in der Turboevolution. In L. von Rosenstiel, D. Pieler, & P. Glaser (Eds.), Strategisches Kompetenzmanagement: von der Strategie zur Kompetenzentwicklung in der Praxis (pp. 86-93). Springer-Verlag.

Phillips-Wren, G. and Wygant, J. (2010). Influencing consumer decisions through personalization. Bridging the Socio-Technical Gap in Decision Support Systems, Proceedings of 15th IFIP WG8.3 International Conference, (A. Respicio, F. Adam, G. Phillips-Wren, Teixeira, C, Telhada, J., eds.), ISBN 978-1-60750-576-1, 152-162.

Raab, D. (2017 a). Singing the Customer Data Platform Blues. Abgerufen am 18. Oktober 2017 von https://de.slideshare.net/MarTechConf/singing-the-customer-data-platform-blues-by-david-raab

Raab, D. (2017 b). Why MarTech Fails: A Data-Driven Answer. Abgerufen am 18. Oktober 2017 von https://de.slideshare.net/MarTechConf/singing-the-customer-data-platform-blues-by-david-raab

Reichheld, F. F., & Sasser J.W. (1990). Zero defections: Quality comes to services, Harvard Business Review, 68(5), 105-11.

Reimer, K., Rutz, O. J., & Pauwels, K. (2014). How online consumer segments differ in long-term marketing effectiveness. Journal of Interactive Marketing, 28(4), 271-284.

Reynolds, J. (2002). A practical guide to CRM: Building more profitable customer relationships. CRC Press.

Saleh, K. (2015). Customer Acquisition versus Retention Costs – Statistics And Trends. Abgerufen am 16.Oktober 2017 von https://www.invespcro.com/blog/customer-acquisition-retention/

Stone, M., Woodcock, N., & Wilson, M. (1996). Managing the change from marketing planning to customer relationship management. Long Range Planning, 29(5), 675-683.

Sun, B. (2006). Technology Innovation and Implications for Customer Relationship Management. Marketing Science, Vol. 25, No. 6, 25th Anniversary Issue (Nov. - Dec., 2006), pp. 594-597.

Tavassoli, N. T. (2012). The effect of selecting and ignoring on liking. In Visual Marketing (pp. 85-102). Psychology Press.

The Economist Intelligence Unit (2016). The path to 2010: Marketers seize the customer experience. The Economist Intelligence Unit.

Trainor, K. J., Andzulis, J. M., Rapp, A., & Agnihotri, R. (2014). Social media technology usage and customer relationship performance: A capabilities-based examination of social CRM. Journal of Business Research, 67(6), 1201-1208.

Tsiptsis, K., & Chorianopoulos, A. (2009). Data Mining Techniques in CRM: Inside Customer Segmentation. Wiley.

Van Raaij, E. M., Vernooij, M. J., & Van Triest, S. (2003). The implementation of customer profitability analysis: A case study. Industrial marketing management, 32(7), 573-583.

Venkatesan, R., & Kumar, V. (2004). A Customer Lifetime Value Framework for Customer Selection and Resource Allocation Strategy. Journal of Marketing, 68(4), 106-125.

Walker Sands Communications. (2017). Walker Sands State of Marketing Technology 2017 Closing the Gap Between Martech Innovation and Adoption. Abgerufen von Walker Sands Communication: https://www.walkersands.com/resources/state-of-martech-2018/

Wedel, M., & Kamakura, W. A. (2012). Market segmentation: Conceptual and methodological foundations (Vol. 8). Springer Science & Business Media.

Xu, M., & Walton, J. (2005). Gaining customer knowledge through analytical CRM. Industrial management & data systems, 105(7), 955-971.

Yeager, B., & McGuire, M. (2018). Hype Cycle for Digital Marketing and Advertising. Gartner.

Yoo, C. Y., & Kim, K. (2005). Processing of animation in online banner advertising: The roles of cognitive and emotional responses. Journal of Interactive Marketing, 19(4), 18-34.

11935322R00100

Printed in Germany
by Amazon Distribution
GmbH, Leipzig